나와
평등한 말

너머학교
오늘의 교실
1

나와
평등한 말

김보미 글 | 구정인 그림

너머학교

들어가는 말 6

1장
사람의 '표준'은 남성?

고등학교와 여자고등학교 13
김영희(25) ← 김영희(25·여) 17
나답다 ← 여성스럽다/남성스럽다 20
운전 미숙자 ← 김여사 25
배우 ← 여배우 30
사라져야 하는 말, ○○녀 35
미소 거부 ← 애교 42
human beings ← men 48
성인지 관점 ← 성인지 감수성 53

Q&A 미소지니(여성혐오)란? 57

2장
내 몸을 왜 다른 사람이 평가하나요?

먹토 대신 건강한 돼지 63
성희롱 ← 꿀벅지 69
정혈 ← 생리 72
완경 ← 폐경 77
질막 ← 처녀막 80
성적 자기결정권 ← 정조 84
임신 중단 ← 낙태 90
포궁 ← 자궁 93

Q&A 미러링이란? 95
Q&A 탈코르셋이란? 99

3장
시대가 바뀌는데 호칭은 그대로?

파트너 ← 집사람 105
가족관계등록부 ← 호적 110
○○씨 ← 도련님, ○○삼촌 ← 서방님 115
고 ○○○의 배우자 ← 미망인 120
비혼 ← 미혼 122

Q&A 성소수자(LGBTQ)란? 125

4장
아이는 가족과 사회가 함께 키워요

저출생 ← 저출산, 출생률 ← 출산율 131
임신·출산 해고 대상자 ← 경단녀 135
유아차 ← 유모차, 녹색학부모회 ← 녹색어머니회 138
재생산권 ← 모성보호 143

Q&A 백래시란? 148

5장
그건 사랑이 아니라 폭력이에요

불법 촬영 ← 몰카 155
디지털 성범죄 ← 리벤지 포르노 160
데이트 폭력 ← 사랑싸움 165
성적 불쾌감 ← 성적 수치심 169
그루밍과 가스라이팅 174

Q&A 페미사이드란? 180
Q&A 미투 운동이란? 184

나오는 말 188

말은 자신의 생각을 가장 잘 표현할 수 있는 도구입니다. 무의식중에 사용하는 단어와 어휘만 들여다봐도 말하는 사람의 마음과 심리 상태를 알아낼 수 있어요. 심리학자 제임스 W. 페니베이커는 『단어의 사생활』에서 개인마다 '언어 지문'을 가지고 있다고 설명합니다. 반대로 반복해서 사용하는 말과 표현이 생각에 영향을 주기도 합니다. 부정적인 말, 나쁜 말을 사용하는 습관만 바꿔도 인생이 달라질 수 있어요.

생각을 주고받는 연결 고리인 사회 속 말은 어떨까요? 그 속에는 사회 구성원들의 생각 지문이 남아 있을 거예요. 올해의 유행어를 보면 그해의 흐름을 알 수 있고, 속어와 욕설에서 편견과 차별을 엿볼 수도 있으니까요.

시대에 따라 사람들의 생각이 달라지면 자주 쓰는 단어와 표현에도 변화가 생겨요. 2018년 『조선일보』 기사를 보면 "사회의 경쟁이 심해지면서 '완전', '엄청'과 같이 강한 부사를 더 사용하게 됐고, 소셜 미디어에 말하듯 글을 쓰기 시작하면서 문어체 수식어들은 인기를 잃었다."라고 합니다.

불확실한 시대, 불완전한 관계에 대한 고민이 언어에도 녹아드는 걸까요? 사람 간의 거리를 나타내는 말이 언어를 넘나들며 새롭게 등장하고 있어요. 한국어에 '아싸(아웃사이더)'와 '인싸(인사이더)'가 있듯이 영어에 'JOMO(Joy Of Missing Out)'와 'FOMO(Fear Of Missing Out)'라는 단어가 새로 생겼어요. JOMO는 아싸가 되어도 괜찮은 사람, FOMO는 인싸가 되지 못할까 불안한 마음에 모임마다 나가고 또 모임에 나가면 끝까지 남아 있는 사람을 뜻한다고 해요.

여러분은 이런 신조어에서 안도감을 느낀 적이 있나요? '코로나 블루(코로나 팬데믹이 불러온 우울)'. 저는 2020년 새롭게 등장한 이 단어에서 묘한 위로를 받았습니다. 코로나19로 시작된 사회적 거리 두기로 사람과 만나지 못하는 생활이 이어지면서 혼자 고립된 듯한 불안감이 생겼거든요. 우울감과 함께 무기력감도 찾아왔습니다. 알 수 없었던 이 복잡한 심경이 '코로나 블루'라는 말로 정의되자, 힘든 시기 누구나 당연하게 느끼는 감정이라고 제 마음을 토닥여 주는 것 같았어요. 나와 똑같이 느끼는 사람이 많이 있다고, 혼자가 아니라고 위로해 주는 듯했습니다.

이렇게 새로운 말은 보이지 않고, 표현되지 못했던 생각들이 세상에 드러날 수 있도록 힘을 불어넣어 주는 것이 아닐까요? 이 책에는 그런 말이 만들어지는 과정과 말을 만든 사람들의 이야기가 담겨 있습니다. 특히 여성과 여성을 둘러싼 장면이 주로 등장하는데, 그만큼 그동안 말로 전달되지 못했던 것들이 많았다는 의미겠지요.

말리스 헬리어는 『페미니즘 언어학과 성차별 메커니즘』에서 "언어는 사회적 관계의 산물로서 사회적 현실의 단면을 극명하게 보여 준다. 사회적 관계와 지위 등은 언어를 통해 정의되고 유지된다."라고 말합니다. 사회가 중요하지 않다고 여겼던 일이나 소외된 사람들의 상황은 구체적인 어휘로 표현되지 못하는 경우가 많습니다. 언어가 없다는 건 존재도, 감정도 마치 세상에 없는 것처럼 지워지는 일입니다. 그래서 새로운 말은 현실을 바꾸기 위해 등장하기도 합니다.

사람들은 범죄의 수단이 희화화돼 가볍게 생각되지 않도록 '몰카(몰래카메라)'와 '야동(야한 동영상)' 대신 '성 착취물'로 바꾸어 쓰기로 했습니다. '김여사', '여배우', '처녀막'이라는 표현을 사용하는 데 반대하는 사람들은 단어에 녹아들어 익숙해진 불평등을 끄집어내 이 말을 사용하는 이들에게 잘못된 현실을 스스로 깨닫게 합니다.

"뭘 그렇게까지 예민하게 반응해.", "불만이 너무 많은 거 아니야?"

새로운 언어는 공감을 얻기보다 예민함으로 치부되기 쉬워요. 과거에는 여성들이 남성들과 똑같은 권리를 달라고 요구하면 '불평한다'고 표현했다고 해요. 그래서 여성들은 이 말을 '권리 옹호'라고 바꿔 부르기 시작했습니다. 누리아 바렐라는 『인물, 역사, 철학, 명작으로 보는 초보자를 위한 페미니즘』에서 그 시절 여성들이 '남성들과 마찬가지로 교육받을 수 있게 해 달라'고 했던 건 불만이 아니라 권리라고 말합니다. 지금은 누구나 그것이 불평이 아니라 차별에 반대하는 것이었음을 알고 있습니다.

여러분의 언어 지문은 어떤 모양인가요? 말하고 싶었지만 정의되지 않았던 감정은 무엇이었나요? 새로운 말을 만드는 사람들의 이야기에 귀 기울여 보세요. 무심히 지나쳤던 말을 생각해 보는 시간이, 더 풍부한 지문을 만드는 기회가 되었으면 좋겠습니다.

1장

사람의 '표준'은
남성?

고등학교와 여자고등학교

　어린 시절 살던 동네에는 고등학교가 딱 두 곳이 있었습니다. 여자고등학교와 남자고등학교. 같은 초등학교, 중학교에 다니던 친구들이 고등학생이 되면서 성별에 따라 학교가 달라졌습니다. 두 학교는 이름도 똑같았어요. 길에서 누군가 "고등학교가 어느 쪽인가요?"라고 물어보면 "여고인가요, 남고인가요?"라고 다시 확인해야 했지요. 약속 장소를 잡을 때는 '남고 앞 떡볶이집'이나 '여고 뒤 문방구'에서 보자고 했고요.

　학생들과 동네 사람들은 이름이 똑같은 두 학교를 '여고'와 '남고'로 줄여서 불렀지만, 사실 두 학교의 이름은 똑같지 않았습니다. 'ABC 여자고등학교'와 'ABC 고등학교'. '남고'의 진짜 이름에는 '남자'가 없습니다. 여자들이 다니는 학교 이름에만 '여자'가 들어가고, 남자고등학교는 그냥 '고등학교'입니다. '남자'는 왜 표시하지 않는 걸까요?

'ABC 고등학교'는 원래 남녀공학이었는데 정부 정책이 바뀌면서 여자 학교와 남자 학교로 나뉘게 되었습니다. 그런데 학교를 새로 짓는 게 아니라 근처 보건소였던 건물로 여자 학생들이 이사하기로 했어요. 새 학교는 'ABC 여자고등학교'로 부르게 되었지요. 이사한 건물은 처음부터 학교로 지어진 게 아니어서 학생들이 생활하기에 딱 맞는 구조가 아니었어요. 다른 학교보다 교실 면적이 좁을 뿐 아니라 천장도 낮았어요. 운동장에서는 100미터 달리기조차 할 수 없었습니다.

남자 학생들이 원래 학교를 쓰고 여자 학생들이 옮겨야 했던 정확한 이유는 알 수 없었지만, 갑자기 학교를 둘로 나누어야 했으니 어쩔 수 없었겠지요. 남자가 여자보다 평균적으로 키도 크고 몸무게도 더 나가니까 더 크고 넓은 건물을 쓰게 했던 걸까요? 그래도 의문이 풀리지 않는 것은 '이름'입니다. 여자 학생들이 이사한 고등학교에만 '여자'를 붙인 이유는 무엇일까요? 남자 학교는 처음부터 있던 곳이니까 원래 이름을 그대로 쓴 걸까요?

전국 중고등학교의 이름들을 자세히 보면 '여중', '여고'는 있지만 '남중', '남고'는 없습니다. 남자가 다니는 학교는 공학을 갑자기 분리했든, 처음부터 남자만 다녔든 모두 '중학교', '고등학교'입니다. 남자 학교인지 공학인지 이름만 봐서는 알 수 없지요. 반면 여자 학생들만 다니는 곳은 처음부터 여자 학교였든, 중간에 분리된 곳이든 '여자중학교', '여자고등학교'이지요. 학교는 남자가 다니는 것이 기본이고 여자가 다니는 것은 특별한 경우이니 '여자 학교'만 따로 표시한 걸까요?

여성운동가이자 저널리스트인 캐럴라인 크리아도 페레스가 쓴 『보이지 않는 여자들』이라는 책이 있습니다. 저자는 남성을 인간의 '디폴트(기본 설정값)'로 두는 사회의 습관을 이야기합니다. 그러면서 스마트폰의 크기를 예로 들지요. 여러분은 스마트폰을 한 손으로 들고 있나요? 아니면 두 손으로 잡아야만 안정적인가요? 아마 남자는 한 손바닥에 쥐어지는 경우가 많지만, 여자는 조금 크다고 느끼는 경우가 많을 거예요. 스마트폰은 보통 6인치, 15센티미터 정도인데 제조회사들이 소비자의 평균값을 산정해 계산해 낸 것이라고 해요. 기준으로 삼은 건 남성들의 평균 손 크기였다고 합니다. 스마트폰을 자주 떨어뜨리게 된다고 느끼는 여성이 있다면, 손 크기에 맞지 않아서이니 당연한 일인지도 모르겠습니다.

여름에 버스나 사무실에서 여성만 겉옷을 입는 이유에도 보이지 않는 디폴트 값이 숨어 있습니다. 에어컨의 '적정 온도'가 몸무게 70킬로그램인 40세 남성을 기준으로 세팅됐기 때문이라고 해요. 여성은 평균 체형이 이보다 훨씬 작으며 기초대사율도 남성보다 낮지요. 그래서 여름이라고 해도 몸에서 나는 열은 남성보다 훨씬 적습니다. 따라서 '시원하다'라고 느끼는 온도 역시 에어컨 회사가 적정 온도로 정해 놓은 것보다 5도 높죠. 그래서 에어컨을 틀어 놓은 실내에서 여성이 남성보다 추위를 느끼는 경우가 많은 것입니다.

남성의 평균 손 크기로 제작된 스마트폰. 남성의 체형에 맞춘 적정 온도. 성별을 표시하지 않는 남자 학교의 이름. 기업이 생각하는 소비자의 성별과 학교에 다니는 학생이라고 하면 떠올리는 성별은 무엇일까요? 특정한 성별을 기본형으로 두게 되면 다른 성별은 기준에서 제외되는 차별이 생기는데 말이죠.

이번 장에서는 한 가지 성별을 기본값으로 두는 불평등을 없애기 위해 등장한 새로운 말을 찾아보겠습니다.

김영희(25) ← 김영희(25·여)

뉴스나 기사에 등장한 사람의 이름 옆엔 나이가 함께 표시되곤 합니다. 수십 년 전에는 이름과 나이는 물론 집 주소, 지번까지 상세하게 적은 기사도 있었어요. 기자가 실제 인물을 취재했다는 사실을 강조하려고 했던 걸까요? 지금이라면 개인 정보 유출로 처벌을 받겠지요. 요즘은 이름도 신분이 노출되지 않도록 가명을 쓰기도 하고 닉네임이나 예명, 아이디로 적기도 합니다. 이렇게 '정보'에 대한 가치는 시간이 흐르며 달라졌어요.

이름 옆에 적힌 '나이' 정보에 대한 시각도 조금씩 바뀌고 있습니다. 나이가 많고 적음에 따라 선입견이 생길 수 있으니 '독자들이 편견 없이 읽을 수 있도록 적지 말아야 한다.'고 생각하는 기자들도 있습니다. '나이가 어리니까 잘 모르고 한 이야기일 거야.', '나이가 많으니까 옛날 기준으로 생각하겠지.'라는 고정관념이 생길 수 있다는 거예요.

반면 여전히 기사에서 사라지지 않는 정보가 있습니다. 성별, 그중에서도 '여자'라는 정보입니다. 인터뷰를 한 사람이 25세 여성이면 '김영희(25·여)'라고 쓰지요. 남성은 어떨까요? '김철수(25·남)'가 아니라, '김철수(25)'라고 쓰지요. 왜 여자만 성별을 표시할까요? 한 언론사에서 이런 성별 표기법을 바꾸기 위해 가이드라인을 만들었습니다.

여성만 성별을 표시한 것은 차별적일 뿐만 아니라 '남성이 표준'이라는 잘못된 고정관념을 강화하는 것이란 지적이 타당한 것으로 판단했다. (여성을 표시하면) 남성은 '둘 이상의 성(별) 중 하나'가 아니라, 성을 구분하는 기준이 된다. 여성은 보편적인 성이 아닌 특별한 존재가 되는 시각이 반영된 결과다. 사회적으로 해악이 크다고 한다면 (성별 표시는) 모두 없애거나, 모두 기입하는 식으로 바꿀 필요가 있다.

-「연합뉴스」, 2018년 10월

그동안 습관적으로 이름 옆에 '여'라고 표시해 왔던 점을 반성하며 발표한 글이에요. 정보를 담기 위한 표기법이었다고 해도 여성을 별도로 표시하는 방식은 그 자체로 이미 남성을 표준으로 설정해 놓은 것이죠. 그래서 성차별이 됩니다.

　남자를 기본형이나 우선순위로 설정하는 습관은 생활 속에도 무의식적으로 일어나요. 주민등록번호에서 1과 3은 남자를, 2와 4는 여자를 나타내는 숫자입니다. 몇 년 전까지만 해도 출석부에 남자 학생을 먼저 줄 세운 뒤 여자 학생을 뒤에 배치하기도 했어요. 요즘은 남녀 구분 없이 가나다 순으로 배치한다고 해요. '남녀', '부모', '신랑 신부'처럼 두 가지 성별을 함께 부를 때도 남자가 먼저 등장합니다.

　기사에서 성별이라는 정보가 반드시 들어가야 한다면 특정한 성별을 기본형으로 만들지 않는 방법을 찾아볼 수 있지 않을까요? '20대 남성인 A씨', '30대 여성인 B씨'와 같이 말입니다. 특정한 성별을 기본형으로 두는 그 자체가 다른 성별을 차별하는 시작일 수 있으니까요.

나답다 ← 여성스럽다/남성스럽다

　'여성스럽다' 혹은 '남성스럽다'라는 말은 행동이나 외모가 사람들이 흔히 생각하는 여성 혹은 남성의 특성을 지닌 사람을 말할 때 사용해요. 여성과 남성의 특성이란 무엇일까요? 비슷한 의미로 사용되는 단어들을 살펴보면 그 뜻을 분명하게 알 수 있어요.

　여성스러운 사람을 '조신하다', '참하다'라고 표현합니다. 어른들이 "요즘 여학생답지 않게 조신하구나.", "새색시가 참하고 곱더라."라고 하는 말을 들어 본 사람도 있을 거예요. 국어사전에서 '조신하다'는 '몸가짐이 조심스럽고 얌전하다.'라는 뜻이에요. '참하다'는 '성질이 찬찬하고 얌전하다.'라는 의미예요.

이번에는 남성스러운 사람의 특징을 볼까요? 남자아이가 울면 어른들이 "사내답지 않으니 뚝 그쳐라."라고 말하며 혼을 내기도 해요. '사내(사나이)답다'는 말은 '한창때의 젊고 씩씩한 남자와 같은 성질이나 특성을 갖춘 상태'라고 해요.

사전적 정의로 여성스러움은 얌전한 특성, 남성스러움은 씩씩한 특성을 말합니다. 그럼 씩씩한 여성과 얌전한 남성은 어떻게 표현해야 할까요?

여성으로 태어나는 것이 아니라 여성으로 만들어진다.

프랑스의 철학자 시몬 드 보부아르는 『제2의 성』에서 이렇게 말합니다. 앞에서 말한 여성의 특성과 여성스러움은 타고나는 게 아니라는 거예요. 사회의 기준에 따라 배우고 습득해서 '여성스럽게' 행동하게 되었다는 의미예요. 그렇다면 '남자다움'도 마찬가지 아닐까요?

색깔을 예로 들어 볼게요. 여러분은 '분홍색' 하면 어떤 이미지가 떠오르나요? 저는 여자 어린이들의 장난감이나 여성들의 화장품이 생각납니다. 나이에 상관없이 여성스러움을 강조한 제품에 쓰이는 색이니까요.

그런데 옛날 사람들은 반대로 '분홍색' 하면 남자를 떠올렸다고 해요. 1930년대까지만 해도 분홍색은 남자아이의 옷과 장난감에 많이 쓰였다는 기록이 남아 있습니다. 당시에는 힘을 상징하는 빨간색이 남자를 상징하는 색이었기 때문에 같은 계열인 분홍색도 남자아이의 색깔로 사용했던 거예요. 여성스러움과 남자다움은 시대에 따라서 달라질 수 있고 변화할 수도 있는 특성인 것입니다.

몇 년 전 한 여자 아나운서가 안경을 쓰고 뉴스를 진행해 화제가 된 적이 있습니다. 이 모습은 한국뿐만 아니라 외국에서도 주목을 받았지요. 안경 쓴 아나운서가 이렇게까지 신기하게 느껴지는 이유는 무엇일까요? 남자 아나운서와 남자 앵커는 대부분 안경을 씁니다. 일상에서도 안경 쓴 여성을 어렵지 않게 찾아볼 수 있죠. 그런데도 여자 아나운서의 안경 쓴 모습은 왜 낯설까요?

아나운서는 자신이 안경을 쓰게 된 이유가 "괴로움을 끝내기 위해서"라고 고백했어요. 처음 앵커를 맡았을 때 화면에 더 아름답게 나와야겠다는 생각에 무리하게 살을 빼고 마사지를 받거나 손톱도 관리하며 '아나운서' 하면 떠오르는 여성스러운 외모를 만들려고 노력했대요.

그런데 원하는 모습으로 바뀌었는데도 즐겁지 않았대요. 오히려 더 힘들어졌다고 합니다. 다른 사람의 시선에 항상 자신을 맞추려고 노력해야 했으니까요. 그래서 안경을 쓰기로 했대요. 여자 아나운서가 안경을 쓰는 건 여성스럽지 않다는 편견, 이 고정관념에 저항하기 위한 선택이었겠지요.

여성에게 '여성스럽다'라는 말은 칭찬일까요? 남자에게 '남자답다'라는 말은 어떨까요? 타고난 나의 모습이 아니라 사회가 정해 놓은 모습에 맞춰야 인정받을 수 있다는 경고가 아닐까요? 안경을 쓴 아나운서는 상대를 칭찬하는 마음을 '너답다', '매력 있다'는 말로 표현하자고 했습니다. 여러분이 생각하는 나다운 모습은 어떤 모습인가요?

운전 미숙자 ← 김여사

'김여사'는 김씨 성을 가진 중년의 여성을 부르는 호칭이지만 보통 다른 의미로 더 많이 사용돼요. 운전이 서툴거나 자동차를 다루는 데 익숙하지 않은 사람을 뜻하는 은어예요.

'김여사 주차'를 검색하면 이런 장면들이 나오지요. 도로 한복판에 우두커니 차가 멈춰 있습니다. 주차장에 흰색으로 그어진 차선을 벗어난 차가 아무렇게 주차돼 있기도 합니다. 누군가 차를 출입구에 세워 놓은 탓에 길이 막혀 사람과 자동차가 움직이지 못하고 있습니다. 사진에는 '김여사가 급하게 집에 갔나 보네.', '집에서 밥이나 하시지, 김여사 왜 밖에 나오셔서…….', '김여사 화이팅!'이라는 조롱 섞인 댓글이 달립니다. 사진만 봐서는 사고가 난 것인지 운전이 미숙한 사람이 탄 자동차인지 파악하기 쉽지 않습니다. 그런데도 중년의 여성 운전자가 사진에 등장하는 차를 몰았다고 어떻게 확신하는 걸까요?

'답답한 김여사식 운전법', '스마트폰 무인 주차, 김여사도 주차 달인', '신형 모델을 타면 김여사는 없다'

기사 제목에 등장한 '김여사'는 한결같이 운전을 못 하는 사람을 의미합니다. 하지만 실제 교통사고는 남성이 여성보다 훨씬 많이 내지요. 도로교통공단의 2015년부터 2019년까지 자료에 따르면 운전면허가 있는 사람 중에 사고를 내는 비율은 0.7퍼센트 정도인데 성별로 나눠 보면 남성이 0.9퍼센트, 여성이 0.4퍼센트로 남자가 여자보다 두 배나 높습니다. 교통사고 사건의 가해자 비율도 마찬가지예요. 남성이 전체 가해자의 78퍼센트로 27퍼센트인 여성보다 세 배가 많습니다. 여성은 남성보다 공간을 인지하는 능력이 떨어져서 운전을 못 한다는 가설도 있지만, 과학적으로 공간 인지력에 성별 차이는 없다고 합니다.

다른 운전자까지 위험에 빠뜨리는 미숙하고 부주의한 운전자가 여성으로 대표되는 것은 합당한 일일까요? 실제로 중년 여성을 뜻하는 것이 아니라 대명사처럼 쓰는 것이니 괜찮은 걸까요?

어떤 그룹에 속한 사람들의 특징을 일반화시켜 꼬리표를 붙이는 것은 누군가를 차별하는 부정적인 효과를 만듭니다. '김여사'라는 말에는 어떤 차별이 숨어 있을까요? 여자는 '사회생활을 하지 않아 운전할 일이 적으니 차를 다루는 데 서툴 것'이라고 단정하는 것입니다. 자동차는 생계를 책임지며 경제활동을 하는 사람이 운전하는 것이니 여성은 운전을 잘하지 못할 것이라는 편견이죠. 여성은 집안일과 살림하는 사람이라는 성 고정관념이 포함돼 있습니다. 일하는 여성이 남성들만큼 많고, 운전하는 여성들도 늘어났지만 '김여사'라는 단어가 통용될 수 있는 건 이런 고정관념이 그대로 남아 있기 때문입니다. '김여사'라는 제목을 단 사진에 '밥하러 간다'거나 '집에서 밥이나 하지'라는 댓글을 달 수 있는 것도 마찬가지예요.

웃자고 한 농담이고 인터넷의 밈(meme)처럼 재미있는 사진이나 짧은 동영상일 뿐이라고 생각하는 사람도 있을 거예요. 하지만 여성의 역할을 가사와 돌봄으로 한정하는 시각은 여성의 사회적 능력을 인정하지 않는 분위기를 만들기 때문에 차별적인 표현입니다. 운전뿐 아니라 남성들의 영역이라고 생각했던 분야에서는 실제로 이 같은 차별이 두드러져요.

한 식당에서 술에 취한 두 남성이 난동을 부려 경찰이 현장에 출동합니다. 취객과 경찰 한 명이 몸싸움을 벌이는 사이 다른 경찰이 또 다른 남성을 제압해 수갑을 꺼내는 순간, 남성이 강하게 저항하자 경찰은 옆에 있던 시민에게 도움을 청합니다. 그런데 이 장면이 찍힌 동영상이 공개되면서 '여자는 경찰을 할 능력이 없다'는 비난이 시작됐어요. 경찰이 수갑도 못 채워 시민에게 도움을 요청했다는 이유였지요. 당시 수갑을 든 경찰은 여성이었습니다. 경찰청은 이날 현장에서 난동을 진압하는 과정이 모두 매뉴얼에 따라 처리한 것이라고 공식적으로 밝혔습니다. 취객을 혼자 제압할 수 없을 때 주변에 도와줄 사람을 찾는 것도 적절한 일이었다고 말입니다. 또 실제로 경찰은 당시 남성을 완전히 제압하고 있었다고 해요. 영상의 일부만 보고 '여자 경찰이니 취객을 감당할 힘이 없을 것'이라 결론짓고 경찰 직무를 해낼 능력이 없다고 비판하는 상황. '김여사'라는 꼬리표와 비슷하지 않나요?

이런 사회적인 분위기는 여성들 스스로에게도 영향을 미칩니다. '가면 증후군(Imposter Syndrome)'이라는 말이 있습니다. 사회적으로 성공한 여성, 큰 업적을 쌓은 여성들이 '자신은 운으로 높은 자리까지 왔다.'라고 생각하는 심리 상태를 의미합니다. 운이 좋아서 성공했을 뿐 다음에는 자신의 실력이 드러나서 망신당할 것이라고 두려워하지요. 미국의 최고령 연방 대법관이었던 루스 베이더 긴즈버그, 버락 오바마 전 대통령의 배우자인 미셸 오바마도 같은 증상을 겪었다고 합니다.

사회가 '당신은 거기 있어서는 안 된다.'라고 이야기하기 때문에 여성들은 가면 증후군을 느낀다.

미셸 오바마는 이렇게 말했습니다. 버락 오바마의 선배 변호

사였고, 한때 차기 대통령으로도 지목됐던 그 역시 자신의 능력을 의심합니다. 여성이 운전을 잘할 리가 없고, 여성이 경찰일 수 없다는 편견과 차별이 존재하는 사회에서 여성들은 끊임없이 스스로 전문성과 능력을 의심할 수밖에 없지 않을까요?

독일의 앙겔라 메르켈 총리는 2005년부터 20년 가까이 총리직을 맡았습니다. 그래서 독일의 10대와 20대는 대부분 '총리'라고 하면 여자 총리인 메르켈을 떠올리지요. 메르켈이 2021년 임기까지만 총리를 하겠다고 선언했을 때 후임으로 거론되던 남자 정치인을 두고 독일 젊은이들은 '남자가 총리를 할 수 있는지'에 대해 진지하게 토론했다고 해요. 총리는 당연히 여성이 맡는 것으로 생각했기 때문입니다. 직업과 역할에 대한 고정관념이 얼마나 상대적인지 보여 주지요?

배우 ← 여배우

현장의 꽃은 여배우라고 한다. 여배우는 왜 꽃이 되어야 하나? 여배우가 아닌 그냥 배우로 불리고 싶다.

몇 년 전 A 배우가 자신의 소셜 미디어에 이런 글을 올렸어요. '여배우 ○○○'. 여자 배우를 소개하는 이 문구는 인터뷰 기사 제목으로도 늘 등장하지요. '여배우'라는 말이 너무나 익숙해서 왜 잘못된 건지 이유가 떠오르지 않을 수도 있습니다.

그렇다면 '남배우 ○○○'라는 문구를 써 보면 어떤가요? 조금 어색하죠? 아마 들어 본 적이 없는 표현이어서 그럴 거예요. 역할이 다를 뿐이지 여자 배우와 남자 배우가 하는 일이 다른 것도 아닌데 왜 여자는 '여배우'고, 남자는 그냥 '배우'일까요?

여교수, 여교사, 여경(여자 경찰), 여의사, 여류작가, 여기자…… 직업 이름 앞에 '여'가 붙는 경우는 여배우 외에도 많습니다. 다른 직업에도 '여'라는 글자 대신 '남'을 붙여 보면 어떨까요? 남교사, 남경, 남의사, 남작가, 남기자…… 남배우와 마찬가지로 잘 쓰지 않는 단어라 어색하지요.

직업을 가진 여성을 부를 때 직업 앞에 '여'자를 붙이는 것은 직업적 전문성보다는 성별에 집중하여 자극적으로 소비되는 경우가 많으므로 사용에 주의해야 합니다.

여성가족부가 2019년 만든 '성평등 방송 프로그램 제작 안내서'의 내용입니다. '여○○'라는 단어가 직업보다 여자라는 성별을 더 강조한다고 지적하고 있어요. 예를 들어 '여의사'로 부르는 것은 의사라는 직업보다 '의사이지만 여성'이라는 의미를 부각할 수 있다는 뜻입니다. '여경'도 마찬가지예요. 남자라면 그냥 경찰이라고 쓰지만, '여경'이라고 성별을 나타내는 것은 경찰이라는 직업보다 여성인 점을 강조하는 거예요.

언어를 연구하는 전문가들은 '여○○'라고 부르는 직업이 그 일을 하는 남성을 표준으로 삼고 '여'라는 글자를 붙여 여성형을 파생시킨 것이라고 분석합니다. 이정복 교수는 「한국어와 한국 사회의 혐오, 차별 표현」에서 언어의 형식으로 보면 여성을 남성에게 종속된 위치에 둔 성차별적인 표현이라고 말합니다.

A 배우의 글을 다시 한 번 보겠습니다. 그는 '여배우'가 현장의 꽃이 되어야 한다고 말합니다. 꽃은 사람들이 바라보며 아름답다고 느낄 때 가치를 인정받아요. 하지만 배우는 맡은 배역을 훌륭하게 소화해 연기력이 돋보일 때 능력을 인정받는 직업이에요. '여배우'라고 부르는 배경에는 직업보다 여성으로서 다른 역할을 강요하는 분위기가 있다는 뜻이 아닐까요? 밤샘 작업이 계속되는 고된 촬영 현장의 분위기를 화기애애하게 만드는 것. 친절한 말투와 밝은 웃음으로 누구나 만나면 기분 좋아지는 모습을 유지하는 것. 여자 배우들은 현장에서 암묵적으로 자신에게 기대하는 이런 역할이 있다고 이야기합니다.

남자 배우는 연기력을 가장 중요하게 생각하면서도 여자 배우는 '촬영장의 꽃'이 되기를 바라는 건 '여배우'가 정말 '남배우'와 다른 존재라고 생각하기 때문일까요?

배우를 포함해 연예인은 대중들에게 사생활까지 관심을 받는 직업이에요. 특히 여자 연예인은 앨범을 내거나 영화를 찍은 뒤 홍보하는 자리에서 노래와 연기보다도 외모나 의상, 남자 친구 혹은 남편에 대한 질문을 먼저 받는 경우가 많습니다. 엄마가 된 배우에게는 육아를 어떻게 하고 있는지, 남편 내조는 어떻게 하고 있는지 물어보기도 하지요.

여자 연예인이 사회적으로 문제가 된 사건에 자신의 의견을 말하면 "철학가 납셨다."라고 조롱하기도 합니다. 인터뷰할 때나 촬영 현장에서 다른 사람을 대하는 태도가 곧잘 '인성 논란'으로 이어지기도 해요. 그래서 여자 연예인들은 자신이 맡은 일 외에도 외모와 태도, 말투에 남자들보다 신경을 많이 쓴다고 합니다. 사람들이 기대하는 '예쁘고 상냥한 여자 연예인'과 일치하는 모습이면 칭찬받지만, 그 기준에서 조금만 벗어나면 '까칠하고 거만한 사람'이 되어 버리기 때문입니다.

또 다른 배우 B가 자신의 소셜 미디어에 "'여배우'는 여성혐오적 단어가 맞습니다."라는 글을 올린 적이 있어요. 이 글에는 "그럼 여대도 여성혐오인가요?", "여우주연상도 여성혐오인가?"라는 댓글이 달렸습니다.

'혐오'는 싫어하고 미워하는 대상에 대한 마음을 거리낌 없이 겉으로 드러내는 거예요. B 배우는 "여성혐오가 여성에 대한 공격만을 의미하는 것이 아니며 여성이란 이유로 차별하는 것, 여성에 대한 부정과 폭력, 성적 대상화 모두가 여성혐오"라고 함께 적었습니다. '여배우'라는 이름으로 여자 배우를 남자 배우와 다른 기준으로 판단하는 것, 연기하는 직업인이 아니라 꽃이 되길 바라는 시선은 그래서 차별과 혐오가 될 수 있다는 것입니다.

영화제에는 유일하게 성별을 나눠 상을 주는 종목이 있습니다. 바로 배우들에게 주는 상입니다. '여우주연상'과 '남우주연상'

으로 나뉘어 있지요. 그런데 독일에서 열리는 '베를린 영화제'는 2021년부터 이런 구분을 없앴습니다. 베를린 영화제가 연기상의 기준을 바꾸면서 이유를 이렇게 설명했습니다.

연기 부문에서 성별로 상을 분리하지 않을 것이다. 중립적 방식으로 수여한다. 영화 산업계에서 젠더 의식을 높이는 신호가 될 것이다.

성별에 상관없이 전체 배우 중에 '최고연기상'과 '최고조연상'을 뽑아 상을 주었습니다. 생각해 보면 감독상, 각본상, 촬영상 등 영화의 다른 분야는 성별로 나눠서 상을 수여하지 않습니다. 베를린 영화제는 연기자가 모두 '배우'로 불릴 수 있는 첫 번째 자리가 아니었을까요? B 배우의 게시물에 달린 "여우주연상도 여성 혐오인가?"라는 댓글에 대한 대답도 될 것 같습니다.

사라져야 하는 말, ○○녀

여러분은 '된장녀'를 어떤 뜻으로 알고 있나요? '저 사람은 된장녀다.'라고 생각한 적이 있나요? 모두에게 익숙한 이 말은 누가, 어떻게 쓰기 시작한 걸까요?

'된장녀', '김치녀', '개똥녀'……. 2000년대 초반 '○○녀'가 처음 등장한 이후 지금까지 셀 수도 없이 많은 '○○녀'가 탄생했습니다. 여성들은 '○○녀'가 여성에 대한 차별과 혐오를 담은 언어라고 주장합니다. 하루가 멀게 생성되는 '○○녀'가 왜 여성을 혐오하는 단어일까요? '된장녀'라는 말이 처음 등장했던 때로 돌아가 보겠습니다.

2006년 한 포털사이트에서는 올해의 유행어 1위로 '된장녀'

를 뽑았습니다. 당시 『중앙일보』 기사를 찾아보니 '된장녀'는 '고급 커피를 마시고 명품백을 들고 다니면서 돈 많은 남자를 찾는 여성'이라는 뜻풀이가 적혀 있습니다. 된장과 커피는 무슨 연관성이 있었을까요?

지금은 커피 전문점에서 아메리카노나 라떼를 마시는 게 익숙하지만 이런 문화는 2000년대 초반 즈음에야 생기기 시작했어요. 그전까지 사람들은 '커피'라고 하면 캔커피 혹은 자판기에서 뽑는 100원, 200원짜리 음료를 떠올렸어요. 미국 커피 전문점 브랜드가 1999년 한국에 진출하면서 커피는 다른 차원의 음료가 됐습니다. 당시 커피 전문점의 아메리카노 가격은 한 잔에 2,500원으로 그 시절 밥 한 끼 값과 비슷했습니다. 사람들은 '이 비싼 커피를 누가 마실까' 생각했지요. 하지만 멋지게 인테리어한 공간에서 친구들과 마음껏 앉아 있을 수 있는 커피 전문점은 젊은이들에게 큰 인기를 끌었습니다.

'누가 가겠어?'라고 했던 곳에 사람들이 북적이자 이런 현상을 곱지 않게 바라보는 시선이 생겨났습니다. '아무리 그래도 커피값이 너무 비싸다.'라는 것이죠. 당시 사람들의 보편적인 정서로는 이해할 수 없었던 터무니없는 가격에 대한 반발심이었을까요? 비판의 화살은 엉뚱한 곳을 향했습니다. 커피를 비싸게 판 회사가 아니라 커피를 마시는 사람들을 '허영심 많은 소비자'라며 욕하기 시작했어요. 비난의 대상은 카페를 자주 가는 여자들로 좁

혀졌습니다. 비싼 커피를 마시는 여성들은 비싼 가방과 비싼 화장품도 많이 살 것이라는 이미지가 덧씌워졌고 '부잣집에 시집가는 꿈을 꾸고 있다.'라는 설정까지 생겼죠. 추측과 상상으로 완성된 여성의 일상이 인터넷에 퍼졌습니다.

> 아침에 일어나 비싼 샴푸로 머리를 감고 명품 가방을 들고 커피 전문점에 가서 커피를 마신다.

그리고 이 상상 속 여성에게 '된장녀'라는 이름이 붙었습니다. '된장'은 '젠장'이라는 단어에서 나왔다는 말도 있고, 커피가 된장과 비슷한 색이라서 나왔다는 설도 있습니다. 언론들도 '된장녀'라는 신조어를 소개하며 여성들이 잘못된 소비 습관에 물들어 있다고 기사를 썼습니다. 커피값 논란은 젊은 여성들을 비판하는 것으로 끝이 났죠.

커피 전문점에 남자 손님은 없었을까요? 커피를 좋아했던 여성들이 정말 모두 부잣집에 시집가는 걸 꿈꿨을까요? 여성들이 '된장녀'라고 불리며 비난을 받을 만큼 잘못한 걸까요?

'된장녀'가 등장하기 전에도 사람들에게 주목받은 큰 사건에 여성 인물이 등장하면 'ㅇㅇ녀'라고 이름을 붙이는 일은 종종 있었습니다. 하지만 '된장녀' 이후에는 사건만 터지면 습관적으로 관련 인물 중 여성의 특징을 뽑아 'ㅇㅇ녀'라고 이름을 짓기 시작

했어요. 급기야 여성이 피해자인 경우에도 'ㅇㅇ녀 사건'라는 이름을 붙였습니다. 남성이 여성을 살해하고 차량 트렁크에 시신을 싣고 다닌 끔찍한 사건에는 '트렁크녀', 의사가 내시경 검사를 받으러 온 환자를 성추행한 사건에는 '대장내시경녀'라는 이름이 붙었습니다. 한 연예인에게 성폭행을 당했다고 주장하는 여성들은 '1차 고소녀', '4차 고소녀'라는 식으로 불렸지요.

원래 비판하려고 했던 커피 가격에 관한 이야기는 사라지고 여성을 비난한 '된장녀'라는 단어만 남았듯이 다른 사건들도 범죄를 저지른 가해자는 없어지고 'ㅇㅇ녀 사건'으로 피해자인 여성의 이름만 사람들의 기억 속에 남았습니다.

2016년 서울 강남역 인근 건물 공용 화장실에서 한 남성이 시민을 살해한 사건이 있었습니다. 피해자는 가해자와 아는 사이도 아니었고, 만난 적도 없었지요. 가해자가 사람을 죽이겠다고 마음먹었던 그 시각, 가해자가 숨어 있던 화장실로 들어온 첫 번째 여성일 뿐이었습니다. 경찰에 붙잡힌 범인은 "평소에 여성들에게 무시를 당해서 여성을 죽이기로 마음을 먹었다."라고 말했다고 합니다.

이 사건으로 여성들은 큰 충격을 받았어요. 여성들은 "피해자가 단지 여성이라는 이유로 살해당한 여성혐오 범죄"라며 강남역 앞에서 촛불을 들고 포스트잇에 피해자를 추모하는 글을 써 붙였습니다. 여성들은 이 사건에도 일부 언론이 'ㅇㅇ녀 사건'이라는 제목을 붙인 것에 더 분노했습니다.

"'ㅇㅇ녀' 만드는 언론도 가해자다." 여성들은 목숨을 잃은 피해자가 사람들의 입에 오르내리는 사건의 제목이 되는 것에 항의하며 언론사들의 'ㅇㅇ녀' 이름 짓기 관행에 문제를 제기했습니다. 피해자와 피해자의 가족들을 다시 한 번 공격하는 2차 가해가 될 수 있다고 말이지요. 여성들은 살인 사건의 피해자까지 'ㅇㅇ녀'라고 보도하는 언론들을 비판하며 시위를 열고 이렇게 외쳤습니다.

피해자의 성별만 부각하는 보도 형태는 가해자를 은폐하는 효과를 낳는다. 'ㅇㅇ녀'라는 프레임은 불필요하게 피해자의 성별을 밝히고 있다. 동시에 여성에 대한 부정적인 유행어들을 연상시킨다.

'된장녀'가 지금까지도 한국 여성의 소비 습관을 비판하는 단어로 사용되는 것처럼, 한번 세상에 나온 'ㅇㅇ녀'는 쉽게 사라지지 않습니다. 하지만 정작 'ㅇㅇ녀'를 만든 사건의 범인과 진실은 사람들의 머릿속에서 금방 잊히고 말지요. 시간이 지나 '된장녀'가 왜 '된장녀'인지 알 수 없게 됐듯이 말입니다. 사회적으로 논란이 된 일이나 범죄 사건이 'ㅇㅇ녀'라는 여성들의 이름만 남게 되면 이런 일들이 일어나는 것이 여성의 탓이라고 오해할 수 있고 여성에 대해 부정적인 이미지를 만든다고 걱정하는 사람들도 있습니다.

　이유 없이 다른 사람의 나쁜 이미지를 만드는 단어를 쓰는 것도 혐오입니다. 재미로라도 '○○녀'를 붙이면 안 되는 이유, '된장녀'를 포함한 '○○녀'가 사라져야 하는 이유입니다.

미소 거부 ← 애교

'애교'의 사전적인 뜻은 '남에게 귀엽게 보이는 태도'를 말합니다. 애교를 몸으로 표현해야 한다면 어떻게 설명할 수 있을까요? '목소리 톤을 높여 혀 짧은 말투로 대화를 한다.', '눈을 크게 뜨고 깜빡거린다.', '입을 삐죽 내밀며 떼를 쓴다.' 이렇게 표현한다면 애교라는 단어를 떠올릴 수 있겠지요.

전 세계 사람들이 참여해서 만드는 온라인 백과사전 '위키피디아'에도 '애교'라는 단어가 올라와 있어요. 한국어 발음을 알파벳으로 적은 'aegyo'로 검색하면 찾을 수 있습니다. 다른 언어로 번역할 적당한 단어가 없었던 걸까요? 외국에서도 '애교'라는 말을 한국어 그대로 쓰고 있습니다. 위키피디아에는 애교의 뜻이 영어로 '아기 목소리와 표정, 몸짓 등을 통해 나타내는 귀여운 애정 표현'이라고 적혀 있어요. '귀엽다(cute)'라는 영어 단어만으로는 충분히 의미가 전달되지 않는 애교가 무엇을 표현하고 있는지 알아보겠습니다.

포털사이트에 '애교'를 검색하면 여자 아이돌 그룹의 애교 영상이 가장 많이 뜹니다. 귀여운 동작을 하며 '뿌잉뿌잉'이라고 말하거나 '귀신 꿈 꿨어'를 '기신꿍꿔또'라고 아기처럼 말하는 등 '애교 3종 세트'가 정해져 있기도 해요. 새 앨범을 소개하러 나온 인터뷰와 방송 프로그램에서 노래나 안무 설명보다 애교를 표현하는 데 더 많은 시간을 쏟기도 하고요. 간혹 하기 싫어하는 멤버도 있지만 계속되는 요청에 못 이겨 결국 짧게나마 애교를 보여줍니다. "평소에는 애교가 있는 편이신가요?" 운동선수, 정치인도 여성들은 피해 갈 수 없는 질문입니다. "남편(남자 친구)과 있을 때는 애교가 많다고 들었습니다."라며 어떤 모습인지 보여 달라는 요청도 흔하게 있는 일이죠.

여자가 왜 그렇게 무뚝뚝해요? 애교 없어요?

남자들이 싫어할 스타일인 거 같은데 애교 없죠? 남자는 애교 있는 여자 좋아해요.

여성가족부가 개최한 '그건 농담 아닌 성희롱'이라는 사연

43

응모전에서 채택된 대화예요. 웃기려고 한 말이 성희롱일 수도 있다는 걸 보여 주려고 여성가족부가 시민들의 실제 경험담을 모았습니다. 이 대화에서 설명하는 애교는 '남자들이 좋아하는 것'이며 '무뚝뚝함'의 상반되는 표현이네요. 남성들은 다 큰 여성의 아기 같은 행동을 보며 왜 매력을 느낄까요? 아기는 연약하고 행동이 서투르기 때문에 어른들이 보호하고 돌봅니다. 아무에게도 해를 끼치지 않는 순수함의 상징이기도 해요. 여성에게 아무렇지도 않게 애교를 요구하는 것은 스스로 연약하고 순수한 존재임을 증명하라는 의미가 아닐까요? 그래야 안전하게 보호를 받을 수 있다는 남성의 시각을 담아서 말입니다. 이것이 왜 성차별적인지는 듣는 상대를 여성에서 남성으로 바꿔 보면 더 정확히 느낄 수 있습니다.

남자 정치인을 인터뷰하는 자리에서 "평소에 애교가 많다고 들었어요."라며 애교를 보여 줄 수 있는지 묻습니다. "애교 많은 남자를 여자들이 좋아하지요."라는 말도 덧붙입니다. 같은 대화를 대상만 남성으로 바꿨을 뿐인데 무례하게 들리지요. 큰 대회에서 우승한 남자 운동선수, 새로운 작품을 발표한 남자 배우라면 어떨까요? 남성에게는 실례가 되는 애교 요청이 여성에게는 왜 괜찮은 걸까요?

외국에서도 여성들은 애교를 요구받는 것과 비슷한 경험을 합니다. 세계적인 테니스 선수 세레나 윌리엄스가 겪었던 일을 소개해 볼게요. 윌리엄스는 세계 4대 메이저 테니스 대회에서 스무 번 넘게 우승할 정도로 엄청난 기록을 가진 선수예요. 각종 대회에서 연이어 우승하고 있을 때 참석한 기자회견에서 윌리엄스가 받은 질문이 논란이 된 적이 있습니다. 기자가 '왜 웃지 않는지' 이유를 물었기 때문이죠. 보통 경기에서 이기면 미소를 짓는 윌리엄스가 바로 직전 경기에서 이겼는데도 기자회견에 와서는 뚱한 표정이라며 "무슨 일이 있냐"고 물어본 것이죠. 윌리엄스는 이렇게 답했습니다.

지금 밤 11시 30분이고 내일 경기가 있어서 아침 일찍 일어나야 해요. 정말이지 지금 여기 있고 싶지가 않아요. 당신은 나에게 계속 똑같은 질문을 하고 있어요. 너무 기분이 좋지 않아요.

윌리엄스가 받은 질문도 애교와 마찬가지로 대상을 바꿔서 생각해 볼 수 있습니다. 다음 날 중요한 경기를 앞둔 남자 선수가 밤늦게 열린 기자회견에 참석해 피곤하고 무표정한 얼굴로 답변을 합니다. 이때 '왜 웃지 않느냐'는 질문을 받는다면 회견장의 분위기는 어떻게 될까요? 기자가 상식이 없는 사람이라고 비난을 받겠지요.

영어에 'RBF'라는 신조어가 있습니다. '뚱한 표정(Resting Bitch Face)'이라는 뜻의 은어인데 주로 여성들의 표정을 표현할 때 쓴다고 해요. 정말 기분이 좋지 않았을 수도 있지만, 아무 생각 없이 멍하게 있을 때 무뚝뚝한 표정이 나오기도 하지요. 그런데도 여성 유명인이 이런 얼굴로 사진 찍히면 '욕하는 것 같은 얼굴', '화난 얼굴', '불만 있는 얼굴'이라는 소리를 듣습니다. 얼마나 자주 이런 이야기가 나오면 줄임말까지 만들어졌을까요? 한국에서 무표정하게 웃지 않는 여자 연예인은 '태도 논란'이 수식어처럼 따라다니는 것과 비슷한 현상입니다.

여성들에게 아기처럼 행동하는 애교나 기분과 상관없는 미소를 요구하는 것에 '스마일 보이콧(Smile Boycott)'을 외친 사람이 있습니다. 이 단어를 처음 만든 여성주의자 슐라미스 파이어스톤 입니다. '보이콧'이 어떤 행동을 거부하는 집단적 운동을 뜻하니 '미소 거부 운동'이라고 해석할 수 있겠네요. 그는 여성에게 '왜 웃지 않느냐'고 아무렇지 않게 물어보는 현실을 비판하기 위해 이 말을 만들었습니다. 억지로라도 웃지 않으면 상냥하지 않다고 비난하는 사회의 폭력성을 고발하고 여성을 차별하는 이런 습관을 없애자고 했습니다.

슐라미스는 분위기를 생각해서 가짜로 웃는 여성에게 웃지 않아도 된다고 이야기합니다. 즐거운 일에 저절로 지어지는 미소, 그 웃음이 자연스러운 것이니까요. 여자는 무뚝뚝해서는 안 되며 애교가 많아야 남자들이 좋아한다고 생각하는 사람들에게 똑같은 대답을 해 줄 수 있지 않을까요? 누군가가 시켜서 혹은 보호받

기 위해서가 아니라 정말 좋아하는 사람에게 자신이 원하는 방식
으로 표현하는 것이 애정이라고 말입니다.

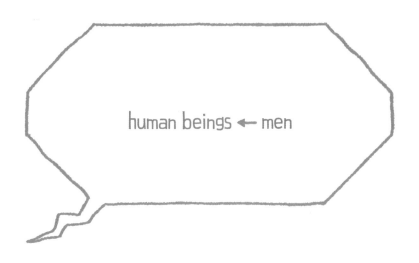

모든 인간은 태어날 때부터 자유로우며 동등한 존엄성과 권리를 가

진다.

인류 역사상 처음으로 '인권'을 공식적으로 정의한 유엔 '세
계인권선언' 제1조입니다. '인간은 태어나면서부터 모두 존엄하
며, 각자의 권리를 평등하게 존중받아야 한다.'라는 이 말은 너무
당연해서 새삼스러운 느낌이 들기도 해요. 하지만 이렇게 인간의
권리를 개념으로 완성한 건 100년도 안 된 일이에요. '인간'이라
는 단어가 실제로 모든 사람을 의미하는 대명사가 된 것도 오래
된 일은 아닙니다.

세계인권선언에 등장하는 '인간'이라는 단어에는 초안과 최종 문안에 다른 영어를 사용했습니다. 최종적으로 'human beings'가 선택됐지만, 처음엔 'men'이라는 단어를 썼어요. 남자를 뜻하는 'man'의 복수형인 'men'이 어떻게 '인간'을 대표하는 자리에 놓였을까요? '인간'은 왜 'human beings'로 바뀌었을까요? '사람은 모두 평등하다'라는 인권이 선언되기까지의 역사를 통해 이유를 알아보겠습니다.

왕과 왕족, 성직자, 귀족과 같은 소수의 특권층이 국민 대다수를 지배했던 아메리카와 유럽 대륙은 1700년대에 큰 변화를 겪습니다. 사람들의 교육 수준이 높아지면서 인간을 천하고 귀한 신분으로 나누고, 사람이 사람을 지배하는 사회구조가 불합리하다는 생각이 늘어났기 때문입니다. 평등의식을 바탕으로 1776년 미국에서는 천부인권을 명시한 '독립선언문'이, 대혁명이 일어난 프랑스에서는 1789년 '인간과 시민의 권리선언'이 발표됩니다.

하지만 이 선언들도 모든 인간과 시민에게 평등한 것은 아니었어요. 선언문의 제목부터 그랬습니다. 프랑스의 '인간과 시민의 권리선언'은 불어로 'Déclaration des droits de l'homme et du citoyen'라고 씁니다. '인간'이라고 번역된 단어 'l'homme'는 영어의 'men'과 같은 뜻이에요. 한자에서 자손(子孫), 자식(子息)에 사용된 '아들 자(子)'라는 글자가 '사람'을 표현하듯이 'l'homme'도 '사람'의 대명사였다고 생각할 수 있습니다. 하지만 이 단어가 가리키는 '인간'에는 여성이 포함되어 있지 않았습니다.

혁명으로 왕을 내친 프랑스에서는 시민들의 대표를 뽑는 선거제도를 도입합니다. 모두가 한 표씩 행사하며, 자격만 갖추면 누구든지 출마할 수 있는 선거는 평등 사회의 상징과 같습니다. 국민이 국가의 주인이라는 의미니까요. 선거에서 투표할 수 있는 권리와 후보로 출마할 권리를 합쳐 참정권이라고 합니다. 민주주의는 시민의 참정권으로 증명되지요.

하지만 혁명 이후 완성된 프랑스 헌법에서는 여성들의 참정권을 인정하지 않았습니다. 여자는 선거에서 투표를 할 수도 없고, 후보로 출마할 수도 없었지요. 왕권을 무너뜨리고 평등한 세상을 만드는 데 큰 역할을 했던 프랑스 여성들은 남성들과 동등한 권리를 요구했습니다. 당시 시민운동가였던 올랭프 드 구주는 여성을 빼놓은 '인간과 시민의 권리선언'에 항의하며 1791년에 '여성과 여성 시민의 권리선언(Déclaration des droits de la femme et de la citoyenne)'을 발표했습니다. '남자(l'homme)'라는 단어 대신 '여자(la femme)'를 사용하고 '시민'도 남성형(du citoyen) 대신 여성형(la citoyenne)을 써서 제목을 만들었습니다.

이 선언문은 프랑스 여성들에게 큰 지지를 받았지만 정작 올랭프 드 구주는 '여성에게 어울리지 않는 일'을 했다는 죄로 경찰에 체포되었어요. 당시 프랑스 사회에서 여성이 해야 할 일은 집안일이었으니까요. 이 권리선언문을 계기로 결국 올랭프 드 구주

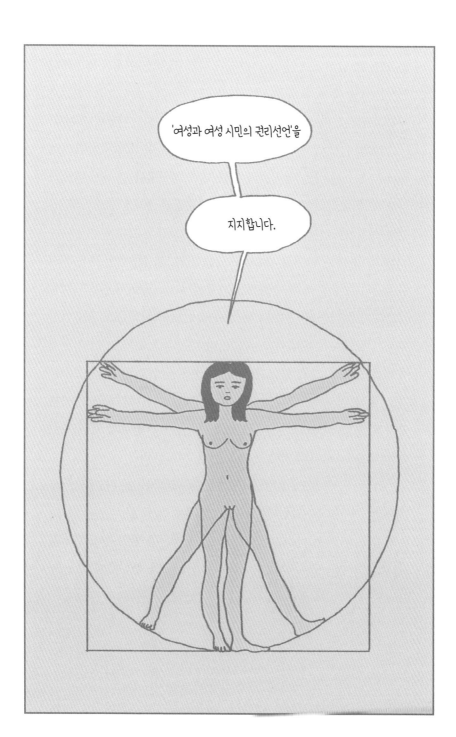

는 2년 뒤 참수되고 말았습니다. 그리고 프랑스 여성들은 150년이 더 지난 후에나 참정권을 인정받았습니다. 프랑스의 '인간과 시민의 권리선언'은 남자(l'homme)들만의 권리를 선언했던 것이죠.

앞에서 언급한 세계인권선언에 '인간'을 뜻하는 단어로 'human beings'라는 영어를 선택한 데는 역사를 반복하지 않으려는 여성들의 노력이 숨어 있습니다. 세계인권선언은 프랑스의 '인간과 시민 권리선언'을 인용해 만들었어요. 그래서 최초 버전에는 '사람'을 뜻하는 단어로 'men'을 사용했습니다. 하지만 유엔이 회원국들의 의견을 받아 수정하는 과정에서 'men'을 사용하는 것은 적절하지 않다는 주장이 나왔죠. 특히 인도의 사회운동가인 한사메타는 강력하게 반대했습니다. 이미 역사적으로 'men'이 어떻게 해석됐는지 잘 알고 있었으니까요. '남자'를 인간의 대명사로 쓴다고 해서 이 단어를 '모든 사람'이라고 폭넓게 해석하는 경우는 거의 없었으며 오히려 '사람'의 범위를 남자로 한정해 여성의 권리를 제한할 때 더 많이 사용했다고 경고했습니다.

그래서 세계인권선언문 1조는 'human beings'라는 단어로 '사람'을 표현하고 있습니다. '남자(men)'로 대표됐던 '인간'을 성별이 없는 단어로 바꿔 인권선언문을 완성한 과정은 무엇이 진정한 평등인지를 보여 줍니다. 인류 첫 인권선언에 등장한 'human beings'야말로 '혁명적인 표현'이 아닐까요?

성인지 관점 ← 성인지 감수성

　'성인지 감수성(Gender Sensitivity)'은 일상적인 행동과 현상에 성차별과 성 고정관념이 있음을 알아차리고 바꿔야 한다고 생각하는 민감성을 뜻합니다. 성별에 따른 불평등과 편견이 불편하다고 느끼는 거예요. 감수성이라는 단어 때문에 단순한 감정이라고 생각할 수 있으나 평등에 대한 인식과 사회적 공감대가 형성되어야 만들어지는 관점입니다. 시대와 가치관에 따라 달라질 수 있고, 교육으로 바뀔 수 있는 개념이지요. 평등의식이 발달할수록 성인지 감수성도 민감해지는 것이 보편적입니다. 한국에서는 성인지 감수성이 어떻게 달라지고 있을까요? 경찰의 캐릭터가 변화하는 모습을 통해 알아보겠습니다.

'포돌이'와 '포순이'는 경찰 이미지를 친근하게 만들려고 1999년에 제작된 캐릭터입니다. 남자 경찰을 상징하는 포돌이, 여자 경찰을 상징하는 포순이는 실제 경찰 제복을 입고 있어요. 경찰들은 지구대와 민원실 등에서 시민들을 대할 때는 근무복, 교통 업무를 담당할 때는 교통복, 행사와 회의 등에 참여할 때는 정복을 입어요. 그런데 한 가지 의문점이 있었어요. 어떤 옷이든 포순이는 항상 치마를 입고 있었거든요. 기념식에서 치마 정복을 입은 여자 경찰은 있어도 현장에서 치마를 입은 경찰은 본 적이 없는데 말이죠.

처음 캐릭터가 나왔을 때는 별 문제를 느끼지 못했어요. 하지만 시간이 지나면서 치마 입은 포순이의 옷차림을 의아하게 보는 사람들이 많아졌습니다. 그리고 2020년 포순이는 21년 만에 치마 대신 바지로 갈아입었어요. 포돌이에게는 없고 포순이에게만 있던 속눈썹도 사라졌습니다. 단발에 가려 보이지 않던 포순이의 양쪽 귀도 머리카락을 뒤로 넘긴 모습으로 다시 그렸지요. 경찰청은 "포순이 모습이 성별 고정관념과 성차별적 편견을 부추길 수 있다."라는 지적이 있어 바뀌게 됐다고 설명했습니다.

여자 캐릭터이기 때문에 치마를 입은 모습으로 그려 놓았던 포순이를 '이상하다'라고 느끼게 한 것이 바로 성인지 감수성입니다. 여성의 모습에 대한 편견은 치마에 하이힐을 신은 모습뿐만이 아니지요. 다음 장면은 어떤지 생각해 볼까요?

1) 여자는 부엌에서 설거지를 하고, 남자는 거실 소파에 앉아 신문을 읽습니다.

2) 남자는 양복을 입고 서류 가방을 들고 있고 여자는 앞치마에 머릿수건을 하고 있습니다.

3) 남자가 부모님과 식탁 앉아 차를 마시고, 여자는 과일을 깎아서 들고 옵니다.

이 장면은 포순이가 처음 등장한 1990년대에 미디어에서 흔하게 볼 수 있었습니다. 당시에는 이런 여자와 남자의 모습을 이상하거나 불편하다고 느낀 사람들은 많지 않았어요. 성별에 따라 역할을 나누는 게 편견이라고 생각하지 못했던 때였으니까요. 지금도 세 장면이 모두 불편한 사람도 있고, 문제가 없다고 생각한 사람도 있을 수 있어요. 같은 시대를 살아도 성인지 감수성은 차이가 날 수 있습니다. 포순이가 치마를 입고 처음 세상에 나왔던 1999년, 한국에서 첫 '안티 미스코리아 페스티벌'이 열린 것처럼요.

"여성의 외모를 획일적인 기준으로 평가해 줄을 세우는 것은 여성에 대한 폭력이다."라는 미스코리아 대회를 반대하는 목소리는 당시엔 공감을 얻지 못했지요. 하지만 이제 미인 대회는 거의 사라졌습니다. 여성을 성적으로 대상화하고 상품화한다는 비판이 커졌기 때문입니다. '안티 미스코리아'를 개최한 사람들의 성인지 감수성은 당시 시민들보다 수십 년을 앞섰던 것입니다.

아동과 청소년의 성착취물을 제작하고 유포한 'n번방 사건'
이 터진 후 성희롱과 성추행, 성폭력 가해자들을 낮은 형량으로
처벌해 왔던 관행이 사전에 막을 수 있었던 범죄를 키웠다는 비
난이 커졌습니다. 성범죄 가해자와 피해자의 특성을 이해하지 못
하는 판사들에게 성인지 교육을 해야 한다는 목소리도 나왔어요.
시민들은 재판부가 사회에서 요구하는 수준의 성인지 감수성을
갖추지 못해 디지털 성범죄 사건의 심각성을 제대로 느끼지 못한
다고 생각한 것입니다.

　　'남자는 파란색, 여자는 분홍색', '아들은 로봇, 딸은 인형' 이
런 공식을 편견이라고 느끼게 하는 성인지 감수성은 불편한 말과
장면을 찾아내는 눈입니다. 오래된 고정관념일수록 불편하고 이
상하다고 느끼는 사람들이 늘어나야 바꿀 수 있지요. 지금보다 성
인지 감수성을 높이려면 '성인지 감수성'이라는 단어부터 바꿔야
한다는 주장도 있습니다. '감수성'이란 말 때문에 사소한 감정이
나 개인적인 느낌과 같이 가벼운 의미로 생각하지 않도록 '성인
지 관점'이란 말을 쓰기도 해요. 관점은 사물이나 현상을 관찰하
고 생각하며 이해하는 태도입니다. 성인지 관점으로 다시 일상을
바라본다면 그동안 보이지 않던 불편한 그림을 더 찾아낼 수 있
을 거예요.

미소지니(여성혐오)란?

영어 '미소지니(misogyny)'를 우리말로 번역하면 '여성혐오'예요. '여성혐오'는 여성에 대한 미움과 증오, 경멸과 멸시, 편견을 뜻해요. 혐오는 사전적으로 '미워하고 싫어하는 마음'을 의미하지만 미소지니는 여성을 여성이라는 이유로 증오하고 배제하는 사회적 구조와 문화, 역사를 아우르는 개념입니다. '여자는 남자보다 열등하다.', '여자는 남자에게 종속된 존재다.' 이 같은 여성혐오가 여성을 차별하고 성적으로 대상화하며 여성에 대한 일상적인 폭력을 만듭니다. 남존여비 사상, 가정폭력, 명예 살인, 성착취 동영상 등 미소지니는 모습을 달리할 뿐 시대와 국가를 초월해 어디에나 존재합니다.

Q. 미소지니는 언제, 어디에서 생겨난 것인가요?

A. 여성학자들은 가부장제와 남성우월주의로 대표되는 성차별 구조를 만든 중심에 미소지니가 있다고 분석합니다. 가정과 사회를 남자가 지배하려면 여자는 남자에게 종속된 존재가 되어야 합니다. 남자의 보살핌과 도움이 필요한 여자는 열등하기에 권리를 가질 수 없습니다. 여성혐오에서 시작된 구조가 여성에 대한 편견을 만들고, 남자만 인간을 대표하는 존재가 되는 불평등으로 이어진 것입니다.(1장 'human beings←men' 48쪽 참고)

여성혐오가 한국에만 있는 현상은 아닙니다. 여성이 목소리를 내지 못하게 하는 차별을 예로 들어 볼까요? 한국 속담에 "암탉이 울면 집안이 망한다.", "여자 목소리가 담장을 넘으면 안 된다."라는 말이 있지요. 『100가지 물건으로 다시 쓰는 여성 세계사』에 따르면 스코틀랜드에서는 16세기에 잔소리하는 여성의 머리에 쇠로 만든 틀을 씌웠다고 합니다. 혀를 움직이지 못하게 하는 장치가 달려 있어 틀을 쓴 채로는 물도 마실 수 없었다고 해요. 미소지니는 방식만 다를 뿐 전 세계에 어디나 존재합니다. 아주 오래전 기록으로만 남아 있는 과거에도, 그리고 지금 우리가 살고 있는 현재에도 말입니다.

Q. 여성을 좋아하는 것이 여성혐오를 하지 않는다는 의미가 될 수 있나요?

A. 여성혐오의 반대말이 '여성을 좋아한다.'라는 것은 아닙니다. 혐오는 편견과 차별이 없을 때 사라집니다. 여성혐오도 성별에 따른 고정관념과 불평등이 존재하지 않아야 끝낼 수 있습니다. 성 고정관념이 존재하는 한 남자도 차별을 받습니다. "남자는 울면 안 된다.", "남자답지 못하다."라는 편견은 어떻게 작용할까요? 사회가 원하는 강하고 남자다운 남자로 인정받지 못하면 배제될 수 있다는 걸 의미합니다. 남자답게 보이려고 솔직하게 감정을 표현하지 않거나 타인을 향한 폭력에 가담하게 되는 경우도 생깁니다. 여성혐오를 하지 않는다는 건 나답게 살지 못하게 하는 모든 편견과 차별에 침묵하지 않고 반대하는 것이 아닐까요?

Q. "여자가 그래도 돼?"라고 말했더니 친구가 여성혐오적인 표현이라고 해요. 왜 이 문장이 여성혐오인가요?

A. 여성에 대한 편견을 만들기 때문입니다. "여자가 공부는 해서 뭐 해? 얼굴만 예쁘면 됐지.", "신혼이면 아내가 남

편 아침은 챙겨야지.", "여자가 무슨 늦게까지 회사 일을 해. 가족 돌봐야지." 이런 말은 여성의 역할을 가사노동으로 한정하는 고정관념에서 나온 차별적인 표현입니다. 사회적으로 성공한 여성을 부정적으로 보는 시선이나 여성의 직업적인 전문성을 인정하지 않는 분위기를 만들지요. "여자가 화장도 안 했어?" 여성들에게만 엄격한 외모 관리를 강요하는 이런 말도 여성혐오가 될 수 있습니다. '여성스럽다'는 기준을 충족하지 않는 여성을 비판할 수 있는 근거로 작용하기 때문입니다. 특히 외모와 관련해 '여자가 그래도 되냐'는 표현은 여성이 자신의 몸을 싫어하는 자기혐오에 빠지게 만들 위험도 있습니다.(2장 '먹토 대신 건강한 돼지' 63쪽 참고)

2장

내 몸을 왜 다른 사람이 평가하나요?

먹토 대신 건강한 돼지

'먹고 토하기'를 줄인 '먹토', 음식을 '씹기만 하고 뱉는다'는 '씹뱉'. 두 단어가 무슨 뜻인지 처음 알았을 때도 그랬지만 이 말을 10대 청소년들이 많이 쓴다는 이야기를 들었을 때 굉장히 충격을 받았어요. '개말라가 되기 위해 조인다.' 빼빼 마른 몸을 위해 굶거나 토하면서까지 살을 뺀다는 이야기를 들었을 때도 마찬가지였습니다.

음식물이 몸에 흡수되지 않도록 게우고 뱉어 내는 행동은 몸을 망가뜨릴 수 있는 섭식장애입니다. 처음엔 다이어트를 목적으로 한두 번 하다가 습관처럼 반복되기 쉽습니다. 먹는 것을 거부하는 것. 몸에 음식이 들어가 소화될까 두려움을 느끼는 것. 이런 섭식장애는 정신질환으로 분류됩니다. '왜 이런 증상이 생기는지'는 자신이 8년간 겪은 거식증과 폭식증을 만화로 기록한 웹툰 작가 라미의 『나는 죽는 것보다 살찌는 게 더 무서웠다』를 보면 알 수 있습니다.

이미 정상 체중보다 마른 상태인데도 살을 더 빼야 한다는 불안감이 드는 것은 뚱뚱해지는 게 죽기보다 싫다는 강박에서 오는 것이겠지요. 특히 살찌는 공포는 유독 여성들에게 많이 나타납니다. 건강보험평가원에 따르면 '먹토'와 '씹뱉'과 같은 섭식장애를 겪는 사람은 10명 중 8명이 여성이라고 해요. 여자 환자가 남자 환자보다 4배나 많은 것이죠.

거식증 환자는 10대 여성과 20대 여성의 비율이 전체 환자 중에 가장 높습니다. 남자들도 다이어트를 하기는 합니다. 대신 목적이 여성들과 조금 다르지요. 보건복지부에 따르면 다이어트를 경험해 본 학생들에게 물어봤더니 여자들은 '외모' 때문에 살을 뺐지만, 남자들은 '건강'을 위해 살을 뺐다고 답했습니다. 이상적인 몸에 대한 생각에도 차이가 있었습니다. 남자 학생들은 '보통' 체형이면 만족한다고 했지만, 여자 학생들은 '마른' 체형을 원했습니다. 살이 찌는 것을 두려워하니 다른 사람보다 더 말라야 만족감을 느끼는 것입니다.

남들보다 마른 몸이 좋다고 생각한 건 저 역시 마찬가지였어요. "팔다리가 얇아서 좋겠다."라는 칭찬을 듣는 것이 좋았고, 얇은 다리가 강조되는 스키니 바지도 즐겨 입었습니다. 저체중이었지만 다리가 더 얇아졌으면 좋겠다는 생각에 근육을 줄이는 시술에 관해 찾아보기도 했지요.

그러다 우연히 운동을 시작하면서 그동안 몸에 대해 잘못 생각하고 있었다는 걸 깨달았습니다. 첫 수업 시간은 지금도 충격으로 남아 있어요. 힘이 들어가지 않아 잠깐의 균형도 잡지 못하는 다리. 내 몸 하나 지탱하지 못해 부들부들 떨리는 삐삐 마른 팔. 제대로 기능하지 못하는 몸이 하찮게 느껴졌달까요? 발목에 비해 두껍다며 싫어했던 종아리와 허벅지에 그나마 근육이 붙어 있다는 것도 처음 깨달았습니다. 그마저 없었다면 첫 수업 1시간도 버티지 못하고 도중에 포기했을지도 모릅니다.

그 후 10년 가까이 운동을 했지만, 저의 팔다리는 남들에 비하면 여전히 얇습니다. 하지만 삼두근이 어디에 있는지 알 수 있고, 소원근의 가동 범위도 커져서 옷걸이같이 축 처졌던 어깨는 각진 어깨로 바뀌었습니다. 코어에 힘이 생기면서 배를 앞으로 쭉 내밀고 걷던 버릇도 사라졌습니다. 스스로 몸을 확인할 수 있는 능력도 생겼어요. "오래 앉아 있었더니 내전근이 짧아져서 허리가 아프구나.", "스마트폰을 많이 했더니 견갑골이 타이트해졌네." 불편한 부위를 느끼며 스스로 몸을 돌볼 수 있게 됐습니다. 이제는 다리 모양에 잘 어울리는 바지가 무엇인지는 생각하지 않습니다. 다리가 편한 바지를 입지요. 스스로 내 몸을 보는 것이 더 중요해

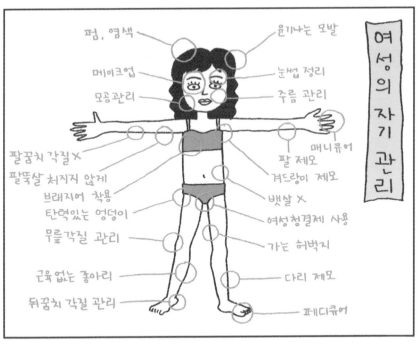

지면서 다른 사람들이 내 몸을 어떻게 보는지 신경 쓰지 않게 됐습니다.

섭식장애는 선천적으로 몸에 이상 신호가 와서 생길 수도 있지만, 사회적인 분위기와 개인의 심리적인 요인이 함께 영향을 준다고 합니다. 한국 사회에서는 외모를 잘 꾸미고 몸매가 날씬한 여성들을 '예쁘다'고 합니다. 잘 꾸민 남성들에게도 '멋지다'고 하지만 그 기준이 여성들처럼 엄격하지는 않습니다. 머리부터 발끝까지 여성의 모든 부위를 관리하는 암묵적인 규칙이 있는 것 같아요. 머리카락은 찰랑찰랑 윤이 나고, 발톱과 손톱도 다듬어서 색을 칠해 꾸미지요. 팔과 다리, 겨드랑이는 털이 보이지 않도록 제모를 합니다. 특히 '살이 쪘다'라고 평가받는 사람들을 '자기 관리가 되지 않았다'며 혹독하게 비판하기도 합니다.

운동은 열심히 하는데 식단 관리를 하지 않아 살이 빠지지 않는 사람을 놀리듯이 '건강한 돼지'라고 합니다. 그런데 왜 건강한 돼지가 되면 안 될까요? '건강한'이라는 말보다 '돼지'라는 말에 방점이 찍혀 있지만, 살을 빼지 않아도 활기차고 행복하게 생활할 수 있는 몸이라면 '건강한 돼지'이든 '건강한 멸치'이든 상관없지 않을까요?

체형과 체질은 사람마다 다릅니다. 먹을 수 있는 음식의 양과 소화력, 영양분을 흡수하고 저장하는 방식도 몸에 따라 제각각이죠. 저마다 생김새가 다른데 무엇을 기준으로 '뚱뚱하다'고 판단하는 걸까요? 이런 기준을 여성들에게 더 강력하게 적용하는 이유는 무엇일까요? 이번 장에서는 이렇게 몸과 관련 있는 단어에 가려진 고정관념을 찾아보겠습니다.

성희롱 ← 꿀벅지

10여 년 전 한 여자 가수의 허벅지에 '꿀벅지'라는 별명이 붙었습니다. 사람들은 '꿀'과 '허벅지'를 합친 이 단어가 '깡마르지 않은, 탄탄하며 건강한 다리'를 칭찬하는 것이라고 했습니다. '꿀'이 '탄탄한다'라는 말과 어떤 관계가 있는지 쉽게 떠오르지 않습니다. 꿀에 대한 칭찬이라면 '달다', '맛있다'와 같이 맛과 관련한 말이 먼저 떠오르니까요. 건강한 이미지라고 하기에는 어딘가 어색한 '꿀벅지'가 유행어로 퍼져 나가기 시작할 때 한 고등학생이 여성가족부의 국민제안 게시판에 글을 올렸습니다. 언론에서 '꿀벅지'라는 말을 사용하지 못하게 해 달라고 항의하는 내용이었지요. 여성의 신체를 대상화하며 여성을 비하하는 성희롱이라고 말입니다.

　누구나 의견을 적을 수 있는 국립국어원의 국어사전 '우리말샘'에서 '꿀벅지'를 찾아보면 '탄탄하고 성적 매력이 있는 허벅지를 속되게 이르는 말'이라는 설명이 적혀 있습니다. '꿀벅지'가 건강에 대한 칭찬이 아니라 여성의 신체를 성적 대상화한 성희롱이라는 것을 이제는 누구나 알고 있습니다. 하지만 당시 여성부에서는 "성희롱은 성적 표현과 행위를 접했을 때 피해자가 느끼는 모멸감 등이 기준이 되므로 개인적인 문제"라며 언론의 표현을 규제할 수 없다고 답했습니다.

　'꿀피부', '황금골반', '엉짱'……. '꿀벅지'와 함께 유행했던 이런 단어들은 여전히 '칭찬'의 말로 사용되고 있습니다. 그런데 이런 단어들이 정말 칭찬일까요? 여성부의 말대로 듣는 사람이 기분 나쁘지만 않다면 상관없는 걸까요?

　여성의 아름다움을 칭찬하는 문구를 떠올려 봅시다. '키스를 부르는 입술', '만지고 싶은 머릿결', '티 없이 맑은 피부', '한 손에 감길 듯한 허리', '탄력 있는 엉덩이', 신체를 조각내 부위별로 나타내는 표현들이 많습니다. 사람의 몸을 마치 물건의 디자인을 살펴보듯이 대상화하는 시선입니다. 특히 이 시선은 이성인 남자가 어떤 매력을 느끼는지를 기준으로 삼고 있지요.

　순수하게 좋은 마음으로 '꿀벅지'와 같은 단어를 사용했다고 해도 부적절한 표현인 것은 마찬가지입니다. 러네이 엥겔른 심리학과 교수는 『거울 앞에서 너무 많은 시간을 보냈다』에서 외모에 대한 언급 자체가 개인에게 부정적인 영향을 줄 수 있다고 경고합니다. 칭찬이든 지적이든 외모에 대한 말을 들으면 들을수록 다른 사람이 자신의 몸을 지켜보고 있다는 느낌을 받습니다. 이런 시선을 의식하다 보면 외모에 과도한 신경을 쓰게 되지요. 좋아하는 이성, 선생님 혹은 친구에게 들었던 "귀엽다", "예쁘다"라는 말이 좋은 기억으로 남아 있다면 다시 상대의 마음에 들 수 있도록 꾸미려고 노력하게 될 것입니다. 하지만 이런 칭찬은 자신을 다른 사람의 시선에 맞춰야만 얻을 수 있는 인정입니다. 스스로 만족하는 게 아니라 남에게 인정받으려고 신체의 기준을 정하는 것을 건강한 태도라고 볼 수는 없겠지요.

'꿀벅지'가 갖는 불쾌함이 '개인적인 문제'라고 했던 여성가족부는 몇 년 뒤 다른 결론을 내립니다. 여성을 차별하고 대상화한 '꿀벅지'라는 말은 방송에서 사용해서는 안 되는 단어라고 말입니다. "성 고정관념을 만들고 성을 상품화하기 때문에 아동과 청소년뿐 아니라 성인에게도 좋지 않은 영향을 미칠 수 있다." 여성가족부의 설명은 꿀벅지가 왜 칭찬이 아닌지 분명히 말해 주고 있습니다.

정혈 ← 생리

생리, 즉 월경을 '정혈(精血)'이라고 부르는 여성들이 늘어나고 있습니다. '정혈'을 한자의 뜻으로 풀면 '깨끗한 피'라는 의미입니다. 남자의 생식기관에서 정자와 함께 나오는 액체인 '정액(精液)'의 '정'과 같은 한자를 사용했습니다. '월경'이라는 원래 이름도, 흔하게 부르는 '생리'도 아닌 새로운 단어 '정혈'은 어떻게 만들어진 걸까요? '생리'의 수많은 예명을 통해 알아보겠습니다.

생리는 평균 28일을 주기로 배란하는 난자가 수정되지 않으면 자궁내막이 벗겨지면서 출혈이 일어나는 현상입니다. 말 그대로 생리 현상이지요. 월경이라고 직접 부르지 않으려고 생리 현상이란 의미로 에둘러 '생리'라고 부르기 시작했다는 설도 있습니다. 생리는 전 세계 10~50대 여성들이 대략 한 달에 한 번씩 합니다. 통계적으로 따지면 한자리에 모인 다섯 명의 여성 중 적어도 한 명은 생리 중이라고 해요. 이렇게 많은 사람이 겪는 몸의 현상임에도 불구하고 생리에 대해서는 알려진 게 많지 않습니다. 남자들은 생리를 얼마 만에 하는지, 생리대는 평균 몇 개를 사용하는지 모르는 경우가 더 많지요.

　'마법', '대자연', '그날', '달거리'. 생리는 원래 이름을 대신해 부르는 단어가 유독 많습니다. 친구에게 생리대를 빌릴 때도 "그거 있어?"라고 물어보니까요. 청소년들에게 생리대나 생리대 비용을 지원하는 정부 정책에서도 생리대는 '보건위생물품'이라는 말로 가려집니다. 편의점에서 생리대를 사면 검정 비닐봉지에 넣어 보이지 않게 가려 주기도 해요. 마치 월경은 일어나지 않는 일처럼 감춰져 있다는 느낌도 듭니다. 생리를 감추는 분위기는 세계적으로 비슷합니다. 영어권에서도 월경을 '기간'이라는 뜻의 단어인 '피리어드(period)'라고 부르죠. 생리 중인 여성은 집이 아닌 움막에 들어가 혼자 지내는 나라도 있습니다.

　숨기는 것이 일반적이다 보니 생리는 '창피하고 부끄럽다', '불결하다'는 이미지로 인식되곤 합니다. 생리할 때 나오는 피는 분명 붉은색인데 생리대 광고에서는 파란 액체로 표현하는 것만 봐도 알 수 있지요. 이런 분위기에서 생리혈이 새어 나와 옷에 묻었다면 어떨지 생각만 해도 머리가 아득해집니다. 생리 중인 여성이 한국에만 하루에도 수백만 명일 텐데 묻어나는 경우를 거의 볼 수 없다는 것은 여성들이 그만큼 철저히 관리하고 있다는 얘기입니다.

생리라는 현상과 생리를 하고 있다는 사실을 감추는 분위기는 여성들이 인생에서 수십 년씩 경험하는 월경을 제대로 파악하지 못하게 하는 장벽이 됩니다. 몇 년 전 가정 형편이 어려운 학생이 돈이 없어 신발 깔창을 생리대로 사용했다는 사연을 보고 가슴이 아팠습니다. 더 슬펐던 것은 그때까지 저소득층 여성에게 생리대를 지원하자는 논의가 한 번도 제대로 이뤄진 적이 없었다는 사실이었습니다. 게다가 지원 방안을 논의하는 자리에서도 한 정치인이 생리대는 공식적인 자리에서 말하기 거북한 말이라며 '위생대'라고 부르자고 해서 논란이 되기도 했지요. 생리가 공개적으로 아무렇지 않게 이야기할 수 있는 주제였다면 생리대를 구매하기 힘든 형편의 아이들에 대한 대책도 더 빨리 나오지 않았을까요?

생리를 소변처럼 참을 수 있다거나 약을 먹어도 사라지지 않는 생리통을 꾀병이라고 생각하는 오해도 '생리'를 '생리'라고 부르지 못하는 사회의 분위기가 만든 것입니다. 의학이 발달하면서 각종 호르몬과 통증 연구가 활발하게 이뤄지지만 생리와 생리통, 생리 기간 호르몬에 따른 몸의 변화에 관한 연구는 상대적으로 여전히 부족합니다. 『당신이 숭배하든 혐오하든(페미니즘 프레임 2-몸)』에 따르면 평균 월경 기간은 어느 정도인지 무월경이나 주기

이상과 같은 문제를 겪는 여성들은 얼마나 되는지에 관해 여성들이 공유하고 있는 내용은 생각보다 많지 않다고 해요.

'깨끗한 피'라는 뜻의 '정혈'은 월경이라는 생리 현상이 더 많이 세상에서 이야기될 수 있도록 하려는 여성들의 의지가 담긴 단어입니다. 부끄러워할 이유도, 더럽다고 생각할 이유도 없는 인간의 몸에서 일어나는 현상을 있는 그대로 말할 수 있도록 말이지요.

생리를 주제로 한 웹툰과 이모티콘이 등장하면서 월경에 대한 인식 변화가 조금씩 느껴지기도 합니다. 한 색채연구소에서는 이름이 '생리'인 새로운 색도 만들었습니다. 건강한 월경과 어울리는 '대담한 붉은색'으로 '여성들이 월경하는 자신을 자랑스럽게 생각할 수 있도록 용기를 주는 색'으로 조합했다고 해요. '생리색'은 정혈의 붉디붉은 색 그대로였습니다. 월경의 수많은 예명 중에 유일하게 그 이름을 드러내려고 만든 단어 '정혈'이 여성들의 생리 현상을 더 많이 이야기하는 데 도움이 됐으면 좋겠습니다.

완경 ← 폐경

　나이가 들어 월경이 완전히 멈추는 것을 '완경'이라고 합니다. 보통 10대 초반이나 중반에 첫 생리를 시작해 40~50대에 마지막 생리를 하지요. 한 달 안팎의 주기로 평균 35년간 이어지는 월경의 끝, 모든 여성은 '완경'을 맞이합니다. '폐경'이라는 말이 더 익숙한 사람들도 있을 거예요.

　제가 일하는 신문사에서 2016년에 '생리 백일장'을 열었습니다. 생리를 경험하면서 느낀 생각을 글로 써서 보내 준 사연 중에 완경을 맞이한 엄마에게 보내는 딸의 편지가 있었어요. 편지의 한 구절을 보며 마지막 생리를 왜 폐경이 아닌 완경으로 바꿔 부르게 됐는지 이야기해 보겠습니다.

몇 년 전 완경을 맞고 엄마는 힘들어 했어요. (중략) 당신이 가슴을 치며 우는 걸 그때 처음 봤어요. 생식기능은 축하받아야 할 일도, 필수조건도 아니에요. 그리고 우리 몸은 자신의 것이에요. 생리를 하냐 안하냐에 따라 타인이 우리의 가치를 점수 매길 수는 없어요. 완경 때문에 몸이 아프고 우울해했지만, 엄마는 여전히 사랑스러워요.

—『경향신문』, 「생리 백일장 8. 엄마 읽지 마세요」

엄마를 위로하는 딸의 마음이 느껴지나요? 엄마는 마지막 생리를 하고 슬퍼합니다. 귀찮고 번거로운 월경이 끝나면 시원할 것 같은데 무엇이 엄마를 힘들게 한 걸까요? 생리 기간에는 생리혈이 샐까 봐 종일 신경이 쓰이고, 시간에 맞춰 생리대도 교체해 줘야 하잖아요. 여행이나 출장으로 내 집이 아닌 곳에서 자야 하는 상황에서는 여간 불편한 것이 아닙니다. 생리 전후로 심한 생리통이나 급격한 심리 변화를 겪는 사람들도 많습니다. 임신 기간을 빼고 매달 반복됐을 월경에서 이제 겨우 벗어나게 된 것인데, 엄마는 왜 슬픔을 느낄까요? 딸은 완경이라 했지만, 엄마는 폐경을 맞았다고 생각했을지도 모르겠습니다.

폐경의 '폐'가 어떤 뉘앙스로 사용되는지 생각해 보면 엄마의 마음을 이해할 수 있습니다. 폐쇄, 폐지, 폐기……. 쓸모를 다하고 버려지는 느낌이 들지는 않나요? 몇 년 전 완경을 맞은 언니가 "난 이제 여자가 아니다."라며 시무룩했던 모습도 기억납니다. 앞으로는 아이 낳는 역할을 하지 못하는 여성. 더는 남성에게 매력적으로 보이지 않는 여성. 폐경이라는 단어 자체가 마지막 생리를 한 여성을 이런 부정적인 이미지로 그리고 있는 것은 아닐까요? 마지막 월경을 '폐경'이 아니라 내 몸이 해야 하는 생리를 모두 완성한 '완경'이라고 부르는 건 한 사람의 정체성과 매력을 임신과 출산의 가능성으로 따질 수는 없기 때문입니다. 남자들이 나를 어떻게 생각하는지 역시 기준이 될 수 없습니다. 엄마를 위로한 딸의 편지처럼 생식기능은 있다고 축하를 받거나, 없다고 점수가 깎이는 것이 아니지요. 우리 몸은 다른 사람이 평가할 수 없는 자신의 것이니까요.

질막 ← 처녀막

　'질막' 혹은 '질둘레막'이라고 불리는 신체 조직이 어디를 뜻
하는 것인지 알고 있나요? 여성의 생식기관인 포궁으로 가는 통
로를 '질'이라고 하는데, 질의 입구를 부분적으로 막고 있는 섬유
조직이 질막입니다. 구멍이 뚫린 얇은 막과 같이 생겼지만, 점막
의 주름에 가까운 조직이라 '질주름'이라고도 불러요. 이 단어들
은 몰라도 '처녀막'이라는 단어는 들어 본 사람들이 있을 거예요.
이 조직을 부르는 가장 유명한 이름입니다. 결혼하지 않은 여성을
뜻하는 '처녀'라는 단어를 신체 기관 이름에 붙인 이유는 무엇일
까요?

　여성이 태어날 때부터 가지고 있는 질막이 첫 성관계를 가질

때 찢어진다는 오해에서 비롯된 단어가 '처녀막'입니다. 질막이 질의 입구에 있기에 내부 생식기를 보호한다고 생각할 수 있지만, 실제 그 역할은 미미한 수준이라고 해요. 그래서 의학적으로는 질 안에 있는 주름 정도로 보기도 하지요. 별다른 기능이 없다 보니 쉽게 파열되기도 합니다. 자전거를 타는 정도의 일상적인 움직임에 찢어지기도 해요. 질막은 두께, 모양, 구멍의 생김새가 사람에 따라 다르고 질막이 손상되는 상황도 천차만별입니다. 아이를 낳아도 찢어지지 않는 사람도 있다고 합니다. 그런데도 질막은 성 경험이 없는 여성의 상징으로 잘못 알려져 있습니다.

질막의 특징과 기능이 의학적으로 확인된 것은 이미 오래전 일인데도 '처녀막'이란 단어는 여전히 사용되고 '처녀는 처녀막이 있다.'는 잘못된 생각도 사라지지 않았습니다. '처녀막'이라는 이름 때문에 첫 성관계 전까지는 절대 파열되어서는 안 된다는 믿음이 생긴 탓에 질막을 복원하는 수술까지 개발되었지요.

이런 오해는 여성의 성 경험을 금기로 여기며 순결한 여성에 대해 환상을 갖는 사회가 만들어 낸 여성혐오적인 인식입니다. '처녀막'이라는 이름은 그 혐오를 만드는 데 한몫을 하고 있지요. 한국 사회에서 '처녀'라는 말은 어떤 의미일까요? 국어사전에서 '처녀'가 들어간 단어를 더 찾아봤습니다.

우선 '처녀작'이 말이 있습니다. 태어나서 처음으로 소설 등을 발표하고 작가가 된 사람이 쓴 첫 작품을 뜻합니다. '다시 보는 ○○○ 작가의 처녀작', '작가 ○○○의 미발표 처녀작'으로 소개되기도 하죠. 작가가 남성이라고 해서 '총각작'이라고 쓰지 않습니다. 똑같이 '처녀작'이에요. 영어에도 처녀를 뜻하는 '메이든(maiden)'과 '일(work)'을 합친 '메이든 워크(maiden work)'라는 단어가 있습니다.

이 밖에도 '처음'이라는 점을 강조하려고 '처녀'를 붙인 말은 많습니다. 항해사가 되고 나서 처음으로 배를 운전하거나 새로 만든 배가 처음 물에 뜨는 것을 '처녀항해'라고 합니다. 배나 비행기가 처음 뜨거나 날면 '처녀운항', 새로 건설한 항구에서 배가 처음으로 나갈 때 '처녀출항'이라는 말도 씁니다. 첫 승리는 '처녀우승', 첫 출전은 '처녀출전', 산이나 절벽을 처음 등반할 때는 '처녀등반'이라고 합니다. 첫 공연도 '처녀공연', 첫 출판도 '처녀출판'으로 쓰는 경우가 있습니다.

인류가 처음 한 행동에 대해서도 '처녀'를 붙입니다. '처녀'와 '산림'을 합친 '처녀림'이란 단어는 인간이 한 번도 들어가지 않아서 원시의 자연 형태 그대로 남아 있는 산림을 뜻합니다. 영어에도 똑같이 처녀라는 의미의 '버진(virgin)'과 숲이라는 단어 '포레스트(forest)'를 합쳐 '버진 포레스트(virgin forest)'라고 하지요. 비슷한 의미로 누구도 올라가지 않았던 산봉우리를 '처녀봉', 인간이 연구나 개발을 한 적이 없어 미지의 영역으로 남아 있는 학문, 기술 분야를 '처녀지'라고 해요. 단어 그대로 사람이 살거나 개간한 적이 없는 땅도 '처녀지'라고 씁니다.

단어들의 공통점은 무엇일까요? 첫 도전, 첫 경험, 첫 승리와 같이 처음으로 겪는 일이거나 개간되지 않은 땅이나 원시림처럼 아직 인간이 정복하지 않은 대상에 대해 언급할 때 주로 쓰는 말이에요. 성 경험이 없는 여성이나 '순결한 여성'을 뜻하는 '처녀'를 통해 이런 의미를 전달하는 것은 남성 중심의 시각이 만들어 낸 성차별적 표현이라는 비판을 받습니다. 여자라는 존재를 성적인 대상으로 바라보는 오랜 관습이 언어에도 영향을 준 것이라고 말입니다. '총각작'이나 '총각림'이라는 표현은 쓰지 않는 점도 '처녀'가 들어간 단어가 왜 성별에 따른 차별인지를 보여 주지요.

'처녀작'은 '첫 작품'과 '데뷔작', '처녀림'은 '원시림'으로 바꿔 쓸 수 있어요. 나머지 단어도 '처녀'를 '첫'으로 바꿔도 아무 문제가 없습니다. 의미도 똑같아요. 이 중에 그동안 습관처럼 써 왔던 표현이 있다면 '처녀'라는 말에 담긴 잘못된 시선을 다시 한 번 생각해 보세요.

성적 자기결정권 ← 정조

이성 관계에서 순결을 지니는 일을 '정조'라고 합니다. '정조를 지키다' 혹은 '정조를 잃다'라고 사용해 왔지요. 정조의 뜻인 '순결을 지닌다'는 건 무슨 말일까요? 표준국어대사전에서는 '순결'에 대해 '이성과의 육체관계가 아직 없는 상태'라고 설명합니다. 성 경험이 없으면 순결한 것이지요. 그렇다면, 누가 순결한 것일까요? '정조'는 사전적으로 '여자의 곧은 절개'라는 뜻도 있습니다. 여기서 '절개'는 '정조를 깨끗하게 지키는 여자의 품성'이라고 해요. 결국, 순결과 정조는 여성의 품성이라고 할 수 있겠습니다.

'여자는 순결을 지켜야 한다.' 이런 믿음을 '정조 관념'이라고 합니다. 여자는 결혼했다면 현재 배우자, 결혼하지 않았다면 앞으로 배우자가 될 남자 이외의 사람과는 성관계를 맺으면 안 된다고 믿는 것입니다. 과거와 달리 성문화가 개방되었으니 그런 건 옛말이라 생각하는 사람도 있을 거예요. 하지만 여성들은 정조 관념이 여전히 사회 곳곳에 남아 있다고 말합니다. 예를 들어 자유로운 성생활을 이야기하는 사람이 여자냐, 남자냐에 따라 다른 반응이 돌아옵니다. "조신하지 못하게 그러면 안 되지." 남자에게 하지 않는 이런 말을 여자들에게는 하지요. 여성에게만 순결을 지켜야 한다고 강조하는 모순은 성폭력 사건에서 더욱 확실하게 보입니다.

"옷을 그렇게 입었으니까 그렇지.", "그러니까 그 늦은 시간에 왜 거기에 갔어?"

성폭력을 당한 여성 피해자에게 이렇게 말하는 사람들이 있습니다. 잘못은 범죄를 저지른 가해자의 책임인데 피해자 탓을 합니다. 피해를 입은 사람에게 잘못을 묻는 범죄가 또 있을까요? 소매치기 사건을 예로 들어 봅시다.

"가방을 그렇게 들고 있었으니까 그렇지.", "왜 어깨에 메지 가방을 손에 들었어?", "왜 그 시간에 거기를 지나간 거야?"

길을 가다가 물건을 뺏긴 사람에게 이렇게 말하는 경우는 없을 겁니다. 다친 곳은 없는지 묻거나, CCTV를 찾아서 꼭 범인을 잡으라고 하지 않을까요? 집에 도둑이 들거나 누군가에게 폭력을 당한 피해자에게도 비슷하게 반응하겠지요. 어떤 범죄도 사건을 피해자 탓으로 돌리지는 않지요. 하지만 성폭력은 왜 피해자를 꾸짖을까요? 혹시 법에서도 다른 범죄와 다르게 규정하는 걸까요?

폭력과 절도 등 형사 범죄를 저지른 범인은 형법에 따라 죄를 묻습니다. 1953년 완성된 형법은 제32조 '정조에 관한 죄'라는 조항으로 성범죄를 어떻게 처벌할지 정해 놓았습니다. 왜 성폭력에 관한 죄가 아니라 정조에 관한 죄였을까요? 그 의미를 실제 사건을 통해 생각해 보겠습니다.

자신을 전직 해군 대위라고 속인 한 남성이 있었습니다. 군 장교가 사회적으로 인기가 많았던 1950년대는 대위로 전역한 사람이라면 누구나 믿을 만하다고 생각했던 시절이지요. 이 남성은 장교 출신이라고 거짓말을 하며 여성들에게 접근했습니다. 그렇게 만난 여성이 70명도 넘었다고 해요. 거짓말은 결국 탄로가 났지요. 여성들 가운데 몇 명은 소송을 냈어요. 자신은 결혼할 것처럼 행동한 남자를 믿었기 때문에 성관계를 하게 됐다면서요. 하지만 법원은 남자에게 죄가 없다고 판결했습니다. "법은 보호할 가치가 있는 정조만 보호한다." 여성들이 무도장에 가서 모르는 남자를 만났고, 결혼도 하지 않았는데 성관계를 했으니 그 여성의 정조는 국가가 보호할 대상이 아니라는 의미였습니다. '정조에 관한 죄'는 성폭력 피해자가 아니라 정조를 보호하는 법이었던 것입니다.

여성을 보호할 사람과 보호하지 않아도 되는 사람으로 나누

는 '정조에 관한 죄'는 법이 처음 제정될 때부터 여성들이 강하게 반대했던 조항이었습니다. 장교 사건의 판결처럼 사람을 보호하는 것이 아니라 여성의 정조, 여성의 순결을 보호하겠다는 선언이었으니까요. 여성들이 우려했던 것처럼, 법은 실제로 그렇게 적용됐지요.

정조라는 단어는 그로부터 40년이 지난 1995년, 형법 제32조가 '강간과 추행의 죄'로 바뀌면서 법전에서 사라졌습니다. 피해자를 때리고 협박해 성범죄를 저지른 가해자를 처벌하도록 한 '강간과 추행의 죄'는 겉으로는 정조 관념을 드러내지 않습니다. 하지만 피해자의 '피해자다움'을 따지는 방식으로 여전히 정조에 관한 죄를 묻고 있지요.

성폭행 피해 사실을 공개한 한 여성 정치인은 재판 과정에서 "성폭행을 당했는데도 어떻게 선거에 출마할 수 있었냐?"는 질문을 받았다고 했습니다. 자세한 내용은 『경향신문』, 「신지예 "성폭행 피해자 정체성과 정치인 정체성, 같이 갈 수 있다"」라는 기사를 참조하면 좋겠어요. 정말 피해를 당했다면 선거를 치를 정신이 있었겠냐는 뜻으로 물었던 것이겠지요. 길에서 괴한에게 맞은 사람에게 "다음 날 어떻게 회사에 갈 수 있었냐?"고 물으며 "멀쩡하게 출근했으니 폭행당했다는 주장은 인정할 수 없다."고 하지는 않는데 말입니다.

'법의 보호를 받는 피해자가 되려면 여성이 스스로 성폭력의 피해자다움을 증명해야 한다.' 이 생각은 정조의 의무를 지킨 여성만 법으로 보호하겠다던 '정조에 관한 죄'가 여전히 작용하고 있다는 의미가 아닐까요? 성희롱과 성추행 사건에서 피해자가 노출이 있는 옷차림이었다며 '여지를 주었다'고 생각하는 것. 평소처럼 가해자와 대화를 나누거나 밝은 모습인 피해자를 '성폭력을 당한 사람 같지 않다'고 판단하는 것. 모두 정조 관념으로 여성을 바라보는 시선입니다.

형법 32조를 '성적 자기결정권 침해의 죄'나 '성적 침해의 죄'로 바꾸려는 움직임은 법에서 보호해야 하는 건 여성의 정조가 아니라 인간의 성적 자기결정권이라는 점을 명확하게 하기 위해서입니다. '성적 자기결정권'은 자신의 가치관에 따라 성적인 결정을 내릴 수 있는 권리를 뜻하는데, 누구와 성관계를 맺을 것인지 스스로 결정한다는 의미만 들어 있는 것은 아니에요. 더 중요한 것은 나의 권리가 소중하듯이 다른 사람의 권리와 결정도 존중할 의무가 있다는 뜻입니다. 성폭력 사건도 피해자의 정조와 피해자다움이 아니라 성적 자기결정권이 어떻게 침해된 것인지를 따져 피해자를 보호하고 가해자를 처벌해야 한다는 것입니다.

임신 중단 ← 낙태

　'낙태(落胎)'는 자연 분만하기 전의 태아를 인공적으로 임신한 여성의 몸에서 분리한다는 뜻입니다. 사고가 일어나거나 혹은 자연적으로 태아가 사망하는 '유산'과 대비해 낙태를 '인공 유산'이라고도 합니다. 최근에는 의학적인 용어로 사용했던 '임신 중절', 임신을 그만둔 상태라는 뜻의 '임신 중단'이라는 단어를 낙태 대신 쓰기도 해요. '낙태'가 주는 부정적인 이미지 때문입니다.

　한문을 그대로 풀어보면 낙태는 '태아를 떨어뜨린다', '태아를 떼어 낸다'는 의미로 해석됩니다. 보통 태아를 사람이 되기 위해 엄마 뱃속에서 크고 있는 생명이라고 보기에 '태아를 뗀다'는 말이 자극적으로 느껴지기도 해요. '낙태'라는 단어 사용을 반대하는 사람들은 이 말 자체가 여성의 몸을 통제하고 여성의 선택을 제한한다고 주장합니다. '낙태죄'라고 불리는 법 조항을 포함해 태아에만 초점을 맞춘 단어인 '낙태'가 임신 중단을 결정하는 여성의 상황을 고려할 수 없게 만든다는 것입니다. 그래서 '임신 중단'이라는 단어로 여성이 스스로 내린 결정이라는 점을 분명하게 표현할 필요가 있다고 말합니다.

우리나라에서 인공적으로 태아를 유산시키는 일은 아주 특수한 상황을 제외하고는 불법이었어요. 임신 중절 수술을 한 의사, 수술을 받은 여성 모두 형법에 따라 처벌을 받았지요. 하지만 2019년 헌법재판소는 임신 중절을 처벌하는 '낙태죄'가 잘못된 법이라고 판결했습니다. 그 이유에 대해서는 이렇게 설명했습니다.

태아의 생명보호라는 공익에 대해서만 일방적이고 절대적인 우위를 부여해 임신한 여성의 자기결정권을 침해했다.

태아의 생명만 생각하다 보니 법이 여성의 자기결정권을 지키지 못했다는 것이죠. '자기결정권'은 국가의 권력에 간섭을 받지 않고 스스로 옳다고 생각하는 가치관에 따라 결정할 수 있는 개인의 권리입니다. 임신하는 것, 아이를 낳는 것 또는 낳지 않는 것은 여성의 자기결정권에 따라 판단해야 하는 일인데 법이 자유롭게 결정할 수 있는 권리를 막았다는 것입니다. 그동안 낙태죄가 여성의 몸에 대한 결정권과 건강권, 생명권 등을 침해한다는 지적은 많았습니다. 인권위원회와 유엔 여성차별철폐위원회도 같은 이유로 한국 정부에 낙태죄를 폐지하라고 권고한 적이 있지요.

여성들은 각자 다른 상황과 환경 속에서 임신과 출산, 임신 중단을 경험합니다. 아이를 갖고, 아이를 낳거나 낳지 않고, 아이를 기르겠다고 결정한 것. 그것이 태아와 자신의 몸과 건강에 어떤 영향을 미칠지 가장 잘 판단할 수 있는 건 여성 스스로가 아닐까요? 그 선택과 자기결정권을 인정하는 데는 '낙태'보다 '임신 중단'이라는 말이 더 적절하지 않을까요?

　'자궁'은 여성의 생식기관 중 하나로 태아가 착상하여 자라는 곳입니다. '아들 자(子)'와 '집 궁(宮)'이 합쳐진 '자궁'은 '아들을 품은 집', '아들을 위한 집'이라는 해석이 가능해 성차별적인 단어로 지적되기도 합니다. '아들 자' 대신 성별과 상관없는 세포를 뜻하는 '포(胞)'를 넣어 '포궁'이라고 바꿔 부르기도 하지요.

　'자(子)'라는 한자가 '자손(子孫)', '자식(子息)'과 같이 성별에 상관없이 '사람'을 의미하는 문자로 쓰이기 때문에 반드시 아들만 뜻하는 것은 아니라고 보는 시각도 있습니다. 한국뿐 아니라 중국과 일본 등 한자를 쓰는 나라에서 모두 자궁이라는 단어를 쓰고 있기도 해요. '자'를 성별에 상관없이 사람이라는 뜻으로 사용하는 동아시아 국가들의 또 다른 공통점이 있습니다. 가장인 남성이 다른 가족 구성원을 통제하며 지배하는 가부장제 사회라는 점입니다. 그래서 여자아이보다 남자아이를 선호하는 분위기도 있었지요. 예전에는 정말 아들만 바랐던 '자궁'이 아니었을까요? '자궁' 대신 '포궁'을 쓰는 사람들은 이 단어에 이 뿌리 깊은 성차별 문화를 바꾸려는 의지를 담았을 것입니다.

미러링이란?

'미러링(mirroring)'은 어떤 현상을 거울처럼 그대로 비추는 것을 말합니다. 스마트폰 화면을 TV와 같은 대형 화면으로 보여 주는 기술이나 친한 사람, 닮고 싶은 사람을 무의식적으로 따라 하는 심리도 '미러링'이라는 단어로 표현하지요. 이 책에서 설명하려는 미러링은 남성들이 여성들을 차별하거나 혐오하는 행동을 거울처럼 비춰서 알려 주는 전략을 뜻합니다. 나쁜 말이나 욕을 한 사람에게 그 말을 그대로 되돌려 줄 때 '반사!'라고 하는 것처럼 말이지요. 자신이 어떤 말을 했는지, 듣는 상대의 기분이 어떨지 깨닫게 해 주려는 것입니다.

Q. 왜 미러링을 하는 건가요?

A. 일상 속에 여성들을 차별하는 다양한 장치들이 숨어 있다는 것을 알려 주기 위해서예요. 1977년 노르웨이의 작가 게르드 브란튼베르그가 쓴 『이갈리아의 딸들』이라는 소설이 있습니다. 남성 중심적인 현실을 미러링해 이갈리아에선 여자가 사회생활을 하고 남자가 집안일을 합니다. 모든 가정에서 가장은 여자이고, 정치인과 기업인 등 사회의 주요 인사도 모두 여자예요. 소설에는 '여자'와 '남자'라는 단어도 미러링으로 등장해요. 여자를 뜻하는 '움(wom)'에서 파생된 '맨움(manwom)'이 '남자'라는 말입니다. 현실에서 남자라는 단어 '맨(man)'과 여자 '우먼(woman)'의 언어 구조를 역전시켰어요.

또 이갈리아의 남자들은 성기 보정 속옷 '페호'를 입습니다. 여자의 가슴 보정 속옷 브래지어를 미러링했습니다. 당연하다고 생각한 일상을 미러링으로 반전해서 보면 어색함과 불편함을 느낍니다. 불쾌하다고 생각할 수도 있습니다. 이런 불편한 감정을 통해 현실에서 여성들이 겪는 차별을 전달하려는 것이 미러링입니다.

Q. 미러링해야 보이는 남성 중심의 세상이라는 것은 어떤 모습인가요?

A. 여성들을 비하하는 '김치녀'를 '김치남'으로, '내 여자 친구는 처녀였으면 좋겠다.'며 여성을 성적으로 대상화한 글을 '내 남자 친구는 총각이었으면 좋겠다.'고 미러링해 봅시다.

이런 말과 단어가 여성에게 얼마나 폭력적인지 보이나요? 이런 미러링에도 "원래 그렇게 쓰니까 하는 말이지. 나는 여성을 혐오하지 않아."라며 현실을 부정하는 사람도 있습니다.

그래서 더 낯설고 불편한 미러링을 하기도 하죠. '시선 강간'이라는 단어를 예로 들어 볼게요. 여성의 특정 신체 부위를 빤히 쳐다보는 것은 성희롱입니다. 하지만 '너무 예뻐서' 또는 '너무 파인 옷을 입어서' 자신은 어쩔 수 없이 눈길을 뺏겼다고 변명하는 사람들이 있습니다. 예쁜 여자를 보는 건 남성들의 본능이기에 '시선 강탈'당했을 뿐이라는 변명을 미러링한 단어가 '시선 강간'입니다. 남의 신체를 노골적으로 쳐다보는 것은 무례함을 넘어 범죄라는 것을 알려 주려는 의도도 있습니다.

Q. 미러링이 또 다른 혐오를 만드는 것은 아닐까요?

A. 여성혐오에 대한 미러링은 남성을 혐오하거나 차별하려고 만든 장치가 아닙니다. '여자가 차별받는 시대는 끝났다.', '성차별은 사라졌다.'며 현실을 외면하는 사람들에게 여전히 고쳐야 할 차별과 편견이 많다고 알려 주기 위한 것입니다. 여성혐오를 미러링한 단어가 공격적이고 거칠었다면 거울이 비추는 현실에 그만큼 무서운 혐오가 있었다는 것은 아닐까요? 그렇다고 해서 미러링이 또 다른 약자를 공격하는 표현이나 놀이가 되어서는 결코 안 되겠지요.

탈코르셋이란?

'코르셋'은 중세시대 유럽 여성들이 입었던 보정 속옷의 이름입니다. 당시에는 여성의 큰 가슴과 엉덩이가 아름다움을 평가하는 기준이었어요. 허리를 잘록하게 만들어 가슴과 엉덩이를 강조하려고 코르셋을 입었습니다. 가슴 아래부터 엉덩이 위까지 갈비뼈 부분에 두꺼운 판을 대고 끈으로 조이기 때문에 숨쉬기 어렵고 소화도 안 되는 매우 불편한 옷이었지요. 그래서 코르셋은 불편과 부작용을 감내하면서까지 외모에 신경 써야 하는 여성들의 현실을 상징하는 말이 되었습니다.

반대로 '탈(脫)코르셋'은 단어 그대로 코르셋에서 벗어나는 거예요. 줄여서 '탈코'라고도 부릅니다. 남에게 보여 주려고 외모에 신경 쓰는 행동을 중단하는 것뿐만 아니라 외모로 여성을 판단하는 사회 분위기에 저항하는 것이 탈코르셋 운동입니다. 한국에서는 최근 몇 년간 10대 청소년들이 중심이 되어 퍼져 나가고 있습니다.

Q. 화장하고 옷을 신경 써서 입으면 '코르셋'인가요? 외모를 남자처럼 하는 것이 '탈코'인가요?

A. 꼭 그렇지는 않습니다. '탈코르셋'은 여성의 다양성을 인정하지 않는 고정관념을 없애기 위해서 시작된 운동이에요. 하얀 얼굴에 잡티 없는 피부, 빨간 입술, 긴 생머리, 마른 몸……. 한국에서 '예쁜 여자', '여성스러운 여자'라고 하면 떠올리는 모습입니다. '예쁘다'라는 기준이 있다는 건 반대로 '못생겼다', '자기 관리 못 한다'라고 평가할 수 있는 기준도 있다는 의미겠지요. 특히 이런 기준은 남자의 시선에서 매력적인지를 따지고는 합니다. '탈코'는 외모에 대한 잣대와 남성의 시선으로 여성을 평가하는 행위를 거부한다는 의미를 담고 있습니다. 이런 의지를 담은 모습이 하나의 문장이나 단어로 정의되지는 않습니다.

Q. '예쁘다'라고 칭찬하는 것은 왜 바람직하지 않나요?

A. 외모 칭찬이 어떠한 반응인지 생각해 보면 알 수 있습니다. '날씬해서 예쁘다'는 말을 예로 들어 볼까요? 평소보다 살이 빠져 칭찬을 들었던 기억이 좋은 느낌으로 남았다면 계속 '날씬한 몸'이 되려고 노력하겠지요. 칭찬을 들었던 몸무게보다 살이 찌면 잘못됐다고 생각할지도 모릅니다. 타고난 체형, 건강한 몸무게보다 타인의 칭찬이 자신의 몸무게를 결정하는 기준이 되어 버리는 것입니다.

반대로 '살쪘다'는 말을 듣고 충격을 받았거나 기분이 좋지 않았다면 어떨까요? 마찬가지로 이런 말을 듣지 않기 위해 체중을 조절하려고 노력하게 되겠지요. '날씬하다'는 말을 들었을 때와 결과적으로 행동은 같습니다.

심리학자들은 외모를 평가하는 모든 말이 내 몸이 남에게 어떻게 보이는지 집착하게 되는 계기를 만들 수 있다고 경고합니다. 좋은 의도로 한 말은 괜찮고, 비판하는 말이라서 괜찮지 않은 게 아닙니다. 칭찬도, 비판도 남을 평가하는 행동인 것은 똑같습니다. (2장 '성희롱←꿀벅지' 69쪽 참고)

Q. '코르셋'을 조이는 현상이 여성에게만 나타나는 건가요? 남자도 외모 평가를 받지 않나요?

A. 여자도 남자도 일상적으로 외모 평가나 지적을 받습니다.

하지만 여성에게 요구되는 외모, 특히 외모를 어떻게 관리해야 한다는 기준은 남성과 달리 구체적이며 다양합니다. 얼굴과 체형뿐만 아니라 손톱, 속눈썹, 가슴의 모양, 다리의 형태 등 부위별로 나눠 '여성스럽다', '예쁘다', '섹시하다'라는 말로 여성을 평가합니다.

이렇게 상품이나 사물처럼 몸을 조각조각 바라보는 시선은 인체를 건강보다 라인이 중요한 몸매로 인식하게 합니다. 사회가 여성들에게 체형, 체질에 상관없이 '마른 몸', '쭉 뻗은 다리'가 중요하다고 말하면서 생명 유지와 건강을 위한 신체의 기능보다 모양에 더 신경 쓰도록 만드는 거예요. 그래서 여자 운동선수마저 '여성스럽지 않은 굵은 팔뚝', '남자보다 탄탄한 허벅지'라는 지적을 받습니다. 반면 남자는 다부지고 탄탄한 근육이 '건강하다'며 칭찬받지요. 건강한 신체가 중요한 건 남자뿐만 아니라 여성도 마찬가지인데 말이지요.

3장

시대가 바뀌는데
호칭은 그대로?

파트너 ← 집사람

1년 365일 동안 우린 멋진 파트너야. 많고 많은 사람 중에 최고. 둘도 없는 파트너야, 그대.

가수 남진의 노래 「파트너」 첫 소절 가사입니다. 나를 이렇게 생각해 주는 사람이 있다면 얼마나 행복할까요? 사전적인 '파트너'의 의미는 두 사람이 짝이 될 때 나 말고 상대편을 가리킵니다. 거래나 사업을 하면서 만난 동료나 동업자를 부르는 경우가 많죠. 춤을 추거나 경기를 할 때 맞붙는 상대도 파트너입니다. 쓰임에 따라 친구일 수도 있고 경쟁하는 사람이 될 수도 있지요. 노래에서는 사랑하는 누군가를 부르는 것 같습니다.

파트너는 '자신의 배우자를 이르는 말'이기도 해요. 영어 (partner)로는 함께 사는 동반자, 애인으로 해석되지요. 영어권에서 동성 커플이나 부부가 배우자를 소개할 때 보편적으로 쓰는 단어이기도 해요. 최근 한국에서도 서로를 파트너라 부르는 부부들이 있습니다. 남편과 아내라는 단어 대신 파트너를 선택한 이유는 무엇일까요?

부부 사이에서 사용하는 호칭은 매우 다양합니다. 서로 '여보', '당신'이라 부르기도 하죠. 다른 사람에게 소개할 때는 '아내', '남편' 혹은 '집사람', '바깥사람'이 되기도 합니다. 아내를 '와이프'나 '마누라', 남편을 '신랑'으로 부르는 사람도 있어요. 'ㅇㅇ 엄마', 'ㅇㅇ 아빠'로 아이의 이름을 더해 부르기도 합니다.

'파트너'로 서로를 소개하는 사람들은 평등한 부부 관계를 위해 선택한 호칭이라고 설명합니다. 다른 호칭 속에는 부부의 역할에 대한 고정관념이 들어 있다면서요. 예를 들어 집에 있는 사람이라는 '집사람', 집 안쪽에 있다는 '안(內)'이라는 단어가 변형된 '아내'는 결혼한 여자는 집안일을 하는 사람이라는 의미를 담고 있습니다. 예전과 달리 부부가 맞벌이로 일하며 살림과 육아를 함께 하는 시대라고는 해도 이름과 호칭이 정해 놓은 역할이 완전히 바뀌지는 않았어요. 결혼한 여성에게 "아내가 아무리 바빠도 남편 밥은 챙겨줘야 한다."거나 "아이들 교육은 집사람이 알아서 하는 것이지 바깥사람에게 신경 쓰게 해서 안 된다."고 말하는 경

우도 여전히 있으니까요. '파트너'라는 말에는 '아내의 일'과 '남편의 일'을 구분 짓지 않겠다는 의지가 담겨 있는 듯합니다.

프랑스에 '팍스(PACs)'라는 제도가 있습니다. 『팍스, 가장 자유로운 결혼』에 따르면 팍스는 '시민연대계약'이라는 이름의 줄임말이라고 해요. 결혼한 부부와 똑같이 두 사람이 아이도 키우며 함께 살지만, 행정적인 서류에는 '결혼하지 않은 상태'로 표시된다고 해요. 특히 팍스 커플은 대부분 아내나 남편이라는 말 대신 서로를 파트너라고 부른다고 해요. 팍스로 맺어진 두 사람의 사이는 결혼만이 가족을 꾸리는 방법이라고 생각했던 사람들에게 생소한 관계이지요.

과거에 결혼은 두 개인이 아니라 두 집안의 만남이었어요. 부부가 되는 두 사람뿐 아니라 서로의 부모와 형제, 친척들이 만난다는 의미였습니다. 가족이라고 하면 조부모부터 부모와 자식에 걸쳐 2대, 3대가 함께 사는 모습을 떠올렸지요. 하지만 이제는 결혼했어도 주말에만 같이 지내는 부부도 있고 결혼하지 않고 함께 사는 커플도 있습니다. 혼자 사는 사람도 많고요. 하나의 장면으로 통일되지 않는 다양한 형태의 가족이 존재합니다.

부인이 외국으로 유학을 떠나면서 혼자 한국에 남아 아이를 키웠던 『철학자 아빠의 인문 육아』의 저자는 "어떻게 그런 선택을 할 수 있었냐?"고 묻는 사람들에게 이렇게 답합니다. "유학을 지지하고 (내가) 육아를 전담하기로 한 건 (배우자를) '아내'나 '집사람'이 아닌 '파트너'라고 생각해 왔기 때문"이라고요. 이들 부부에게 육아와 살림은 집사람의 역할이 아니라 할 수 있는 사람이 맡는 것이겠지요. '파트너'를 선택한 사람들에게 평등한 관계는 호칭에서부터 시작되고 있었습니다.

영국 출신의 한 영화배우가 결혼하지 않은 자신을 스스로 '셀프 파트너(self-partnered)'라는 호칭으로 부르면서 화제가 됐습니다. 혼자 지내는 지금이 행복하다는 것을 표현하기 위해 만든 말이라고 해요. 많고 많은 사람 중에 최고. 나에게 가장 큰 믿음을 주는 둘도 없는 파트너는 남이 아니라 나 자신도 될 수 있다는 뜻인 것 같습니다. 이번 장에서는 관계를 나타내는 단어에 담긴 고정관념과 그런 편견을 없애기 위해 새로 만든 말에 대해서 알아보겠습니다.

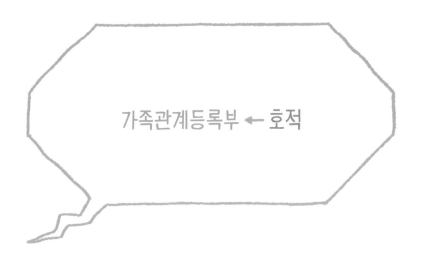

가족관계등록부 ← 호적

　자신이 누구인지 증명하려면 어떻게 해야 할까요? 친구는 얼굴만 봐도 내가 누군지 알겠지만, 은행이나 관공서에서는 주민등록증과 같은 서류로 내가 나라는 것을 증명합니다. 그렇다면 가족은 어떻게 증명할까요? 부모님과 형제, 자매 혹은 남매가 진짜 내 가족이라는 것은 '가족관계등록부'라는 문서로 증명합니다. 말 그대로 가족의 관계가 등록된 문서예요. 본인 이름과 주민등록번호가 가장 위에 적혀 있고 그 아래로 부모님과 배우자, 자녀 등 가족의 명단이 표시돼 있습니다. 현재 같은 집에 살지 않아도 가족이라면 한 장에 모두 담겨 있어요.

　"너는 지금부터 내 자식이 아니다. 호적에서 파 버릴 테니 당장 이 집에서 나가!"

주말 저녁 드라마에서 이런 대사를 들어 본 적이 있을 거예요. 자식이 어떤 잘못을 했는지, 부모님이 아주 많이 화가 난 것 같네요. 여기서 말하는 '호적'이 지금의 '가족관계등록부'입니다. 두 서류 모두 가족을 증명하는 문서이죠.

호적은 언제부터 '가족관계등록부'가 됐을까요? 2005년 호적 제도가 폐지됐고, 2008년 가족관계등록 제도가 시행됐으니 그리 오래된 일은 아닙니다. 10년이 조금 넘었네요. 사실 호적이 처음 만들어졌던 1950년대부터 이 제도에 반대한 사람들이 많았습니다. 50년 넘게 누가, 왜 호적 제도에 반대해 왔는지 다음 선언문을 보면서 이유를 찾아보겠습니다.

우리는 태아 성 감별에 의한 여아 낙태로 인간 생태계가 파괴되고 있는 현실을 통탄하면서 남아 선호의 고정관념을 깨뜨리기 위해 '부모 성(姓) 함께 쓰기 선언'을 채택하게 되었다. (중략) 아들, 손자, 딸 순으로 승계되는 호주제, 부계 혈통만을 중시한 동성동본 제도, 여성이 남성의 집안에 시집가도록 되어 있는 부가(夫家) 입적 제도, 아들이 제사를 모시는 관습, 자녀는 원칙적으로 아버지 성을 따르게 되어 있는 제도는 '아들을 낳아야 대를 이을 수 있다'라는 강고한 가부장적 의식 구조를 형성하게 된 것이다. 이러한 가족 제도의 불평등은 사회에서의 남녀불평등의 기반이 되고 있다. (중략) 가장 먼저 수백 년 동안 지속되

어 온 남성 중심의 가족 제도가 변해야만 여아 태아를 살해하는 행위
가 사라질 수 있을 것이다.

-부모 성(姓)함께 쓰기 선언자 일동 대표 선언자

이이효재 외 170명

여성운동가이자 사회학자였던 이이효재 선생님이 1997년 3
월 9일, 3·8 세계여성의 날을 기념해 열린 제13회 한국여성대회
에서 낭독한 선언문입니다. 두 개의 성을 붙여 쓴 선생님의 이름
에서도 알 수 있듯이 여성들은 아버지의 성과 어머니의 성을 함
께 쓰기로 선언합니다. 선언문은 '호주제'가 남녀 불평등의 원인
이며, 아직 태어나지도 않은 여자아이를 죽인다고 설명합니다.

호주제가 있었던 시절의 가족관계등록부인 호적은 '호주'라
는 사람의 가족을 보여 주는 문서였습니다. 호주는 '일가의 계통
을 계승한 자' 쉽게 말하면 '가족의 주인'이지요. 문서의 주인공인
호주 이름이 가장 위에 적혀 있고 나머지 가족들은 호주 아래 소
속된 형태로 기재됩니다. 특히 가족들은 호주를 기준으로 호주와
의 관계가 표시됐어요. 예를 들어 호주의 배우자라면 '부인 ○○
○', 호주의 자식이면 '딸 ○○○'이나 '아들 ○○○', 호주의 아들
의 배우자라면 '며느리 ○○○'입니다.

호주는 남자만 될 수 있었습니다. 그래서 보통 아버지가 호
주입니다. 아버지가 돌아가시면 누가 호주가 될까요? 어머니일까

요? 아닙니다. 호주는 남자만 될 수 있다고 했으니 가족 중 아버지 다음으로 나이가 많은 남자, 큰아들이 호주가 됩니다. 아들이 없다면 딸이 호주가 될까요? 꼭 그런 것은 아니에요. 딸이 호주가 되려면 아들이 낳은 아들, 즉 손자가 없는 경우만 가능했어요.

할아버지에서 아버지, 아들에서 손자로 이어지는 호적은 남성인 가장이 가족을 지배하는 가부장제에서는 자연스러운 문서였습니다. 여성은 결혼하면 아버지가 주인이었던 호적에서 나와 남편이 주인인 호적으로 옮겨 갔습니다. 아이가 아버지의 성을 따르는 것도 호주제에서는 당연한 일입니다. 아버지가 가족의 주인이니까요. 부부가 이혼한 뒤 엄마가 아이를 키우기로 했다고 하면 아이는 누구의 호적에 올라갔을까요? 이 경우에도 아이는 친아버지 호적에 그대로 남았습니다. 엄마가 재혼하면서 새로운 가족을 만들어도 새 아버지의 호적으로 옮길 수는 없었어요. 따라서 아이의 성도 바꿀 수도 없었지요.

가부장제를 기록하는 호적을 계속 유지하려면 대를 잇는 아들이 태어나야 하지요. 그래서 남자아이를 선호하는 것을 넘어 아이의 성별을 확인해 아들만 낳는 현상까지 생겼습니다. 이이효재 선생님을 비롯한 수많은 여성이 성차별적인 호주제에 항의했던 이유입니다. 그리고 2005년 헌법재판소에서는 호주제가 헌법의 평등 정신에 어긋난다고 판결했습니다.

호주 제도는 개인의 의사와 자율적 선택권을 무시한 채 혼인 및 자녀에 관한 신분 관계를 일방적으로 형성한다는 점에서 인간의 존엄에 반한다. 나아가 정당한 이유 없이 남녀를 차별하여 헌법상 평등의 원칙을 위배한다.

호적을 없애야 한다고 외쳤던 주장이 50여 년 만에 인정된 것입니다. 호적을 대신할 가족 증명 제도는 모두가 평등해질 방법을 고민했습니다. 호주가 되는 순서를 바꾸면 평등해질까요? 할아버지에서 아버지, 아들과 손자로 이어지던 순서를 바꿔 어머니와 딸을 앞 순서에 넣는다면요? 사람들은 이런 방법은 옳지 않다고 생각했습니다. 주인이 없어야 진짜 평등해지는 것이지요. 그래서 가족관계등록부는 가족 구성원 한 명, 한 명 각자가 주인공인 서류입니다. 누군가의 아들, 누군가의 배우자, 누군가의 며느리가 아니라 모두가 본인 중심으로 자신의 가족을 설명하지요. 내 이름을 가장 위에 적은 가족관계등록부는 그렇게 탄생했습니다.

○○씨 ← 도련님
○○삼촌 ← 서방님

　명절이나 생일에 친척들이 모이면 평소에는 쓰지 않는 여러 호칭이 등장합니다. 형부-처제, 매형-처남, 아주버님-제수씨, 동서-형님, 아가씨-언니……. 여러분은 이 호칭이 누가 누구를 부르는 것인지 알고 있나요?

　예를 들어 형수님-도련님은 어떤 사이에 쓰는 말일까요? '도련님'은 결혼한 여성이 남편의 남동생을 부르는 말입니다. '도련님'은 형의 부인을 '형수님'이라고 하지요. 그런데 남편의 남동생이 결혼했다면 '도련님'이 아닌 '서방님'이라고 불러야 합니다. 여기서 '서방'은 무슨 뜻일까요? 국어사전은 '서방'은 남편을 낮춰 부르는 말, '서방님'은 남편의 높임말이라고 설명합니다. 그렇다면 결혼한 여성은 자신의 남편도, 남편의 남동생도 '서방님'이라고 부르게 되는 것이네요. 친구가 남편 가족들과 식사하고 온 뒤 이런 고민을 털어놨던 것이 생각납니다.

도련님이 얼마 전에 결혼해서 호칭을 바꿔야 하는데 못 부르겠더라고……. 내 서방도 아닌데 왜 '서방님'이라고 불러야 하지? 입이 떨어지지 않아.

호칭의 뜻을 보고 나니 친구가 왜 불편하다고 느꼈는지 이해가 됩니다.

'도련님'이라는 호칭도 석연치는 않습니다. '도련님'은 과거에는 자신보다 나이는 어리지만, 신분이 높은 남성을 부를 때 썼던 호칭이니까요. 그럼 남편은 부인의 남동생을 뭐라고 부를까요? '처남'이라는 호칭이 있습니다. 아내를 뜻하는 한자 '처(妻)'에 남자 형제를 뜻하는 '남(男)'을 붙여 만든 말이지요. 아내는 남편의 남동생에게 '도련님', '서방님'으로 '님'자를 붙여 높임말로 부르지만, 남편은 아내의 남동생을 존대하지는 않습니다.

다른 예를 들어 볼게요. '아주버님'은 결혼한 여성이 남편의 형을 부르는 호칭이에요. 형은 남동생의 아내인 이 여성을 '제수씨'라고 부르지요. 아내는 남편 형의 부인을 '형님'이라고 불러요.

그럼 남편은 아내 오빠의 부인을 뭐라고 부를까요? '처남댁'이나 '아주머니'라고 합니다. 아내는 남편과 관련된 사람들에게 '님'을 붙여 높임말을 쓰지만, 같은 관계인데도 남편은 아내와 관련된 사람들에게 존대하지 않지요. 부부 사이의 호칭뿐 아니라 엄마와 아빠의 가족을 부르는 말에도 성별에 따른 차이가 있습니다. 아버지의 가족은 '가깝다'는 의미로 '친가(親家)', 어머니의 가족은 '바깥' 혹은 '타인'이라는 뜻으로 '외가(外家)'라고 하지요.

부부가 서로의 가족을 부르는 방법이 어딘가 불공평하다고 느껴집니다. 과거부터 오랜 시간 사용했던 말을 바꾸는 게 쉽지 않지만, 호칭을 고민하는 사람들이 많아지면서 국립국어원은 『2020년 언어 예절 안내서』에서 다른 단어를 제안했습니다. 예를 들어 남편의 남동생이 연령대가 비슷하고 친한 사이라면 '도련님'이나 '서방님' 대신 서로 이름을 부르는 거예요. 남동생이 아이가 있으면 자녀의 이름을 붙여 '○○삼촌'이라고 부를 수도 있고요. 또 엄마와 아빠의 가족을 구분 지어 부르는 것보다 '제주 할머니', '통영 할아버지'와 같이 지명을 붙여 부르는 것이 더 평등한 호칭이 될 수 있다고 설명합니다.

전통적으로 사용되던 호칭어와 지칭어 가운데 일부 표현이 차별적인 말로 인식되거나 변화한 시대 상황에 적절하지 않게 되었습니다.

국립국어원은 가족 관계에 대한 새 호칭을 제안하면서 이렇게 설명했습니다. 말은 시대에 따라 바뀝니다. 오랫동안 사용해 온 익숙한 단어가 모두 올바른 것이 아닐 수도 있지요. 가치관과 생각도 시대에 따라 달라지지요. 지금은 남편의 동생에게 '서방님'이라고 부르는 게 불편해진 것처럼 말입니다.

고 ○○○의 배우자 ← 미망인

'미망인'은 남편이 먼저 사망한 여성을 뜻합니다. 국어사전에는 '남편이 죽고 혼자가 된 부인 혹은 아내가 스스로 자신을 낮춰서 부르는 때 쓰는 단어'라고 설명합니다. 다른 사람이 당사자를 미망인이라고 부르는 것은 사실 실례되는 행동이지만, 남편의 장례를 치른 여성을 부르는 말로 흔히 사용해 왔습니다.

미망인의 한자를 풀어 보면 '망인(亡人)이 아닌(아닐 미·未) 사람' 사람 즉, '죽지 않은 사람'입니다. 남편을 잃은 여성을 왜 '죽지 않은 사람'이라고 부를까요? 이유를 알아보기 위해 조선 시대 남편을 따라 죽은 여성들의 이야기를 해 보겠습니다.

조선 시대에 만든 열녀문과 열녀비를 본 적이 있나요? '열녀'

는 남편을 위해 자신의 삶을 희생한 여성이라는 뜻이에요. 이런 여성들을 본받아야 한다는 취지로 나라에서 그들의 훌륭한 업적을 문과 비석에 새겼습니다. 당시에는 여자가 어려서는 아버지, 결혼하면 남편, 남편이 세상을 떠나면 아들에게 종속된 존재라고 생각했어요. 그래서 남편이 먼저 죽으면 부인이 3년간 무덤 옆을 지켰고, 장례식 때 입는 상복을 평생 입고 지내기도 했습니다. 남편을 잃은 부인이라면 마땅히 해야 하는 행동이었지요. 남편이 죽거나 이혼했다고 해서 다른 남성과 재혼하는 일은 있을 수 없었습니다. 법으로도 금지되어 있었습니다.

이런 시대에 가장 존경받았던 열녀는 누구였을까요? 남편이 죽었으니 본인도 따라서 죽은 여성입니다. 여자는 인생을 스스로 만들어 가는 게 아니라 남편을 따라가야 하는 것이었으니까요. 그래서 남편을 잃은 여성을 '아직 죽지 않은 사람'이라고 부른 것입니다. 미망인은 남편을 위해 희생하고 남편의 삶과 성공을 위해 살아가는 여성을 칭찬하는 문화에서 나올 수 있는 단어이지요.

그래서 여성들은 미망인이라는 말이 시대에 맞지 않은 성차별적인 말이기 때문에 사용하면 안 된다고 주장해 왔습니다. 남편이 사망했다는 사실을 담아야 한다면 '고(故) ○○○의 배우자'라고 쓰면 됩니다. 말할 때도 '돌아가신 ○○○의 생전 아내'라고 한다면 충분히 상대방의 상황을 설명할 수 있지 않을까요?

비혼 ← 미혼

　'미혼(未婚)'과 '비혼(非婚)'은 모두 '결혼하지 않은 상태'를 뜻하는 말입니다. 한자의 뜻풀이는 똑같습니다. 예전에는 '결혼하지 않은 상황을 모두 '미혼'으로 나타냈지만 '비혼'이 등장하면서 의미가 구분되어 사용되고 있습니다.

　"이제 결혼할 나이 아니야?", "결혼은 언제 하려고 그러니?", "남자 친구도 있는데 왜 결혼은 안 해?"

　흔히 결혼 적령기라고 생각하는 나이가 됐을 때 누군가 이렇게 물어본다면 여러분은 어떻게 대답할 건가요? 질문이 조금 무례하다고 생각하는 사람도 있을 거예요. 남의 사생활에 대해 너무 직설적으로 물어본다는 느낌을 받았을 수도 있고요. 하지만 몇 년 전까지만 해도 서른 살이 넘으면 하루에 몇 번씩 이런 곤란한 물음에 답해야 하는 상황이 생기곤 했습니다. 친한 사이가 아니라 처음 만난 사람에게도 일상적으로 할 수 있는 질문이었습니다. 언제 결혼할 건지, 왜 결혼하지 않는지에 대해 궁금해하는 이유는 무엇일까요? 모든 사람이 언젠가 결혼한다고 생각하는 걸까요?

"아직 미혼이신가 봐요?" 이 질문에 사용된 미혼이라는 단어는 확실히 언젠가 결혼한다는 전제가 깔려 있습니다. 실제로 '언제 할 것이냐'는 뉘앙스를 담아 물어보기도 하고요. "아직 미혼이에요." 대답하는 사람도 '언젠가 할 것이다'라는 뜻을 담고 있지요.

그런데 결혼을 선택지에 두지 않는 사람도 있습니다. "미혼이냐"는 질문에 "비혼이에요."라고 답하는 사람들은 자신의 이런 생각을 확실하고 적극적으로 말하기 위해 비혼이라는 단어를 쓰기 시작했습니다. 처음부터 '미혼'이 '아직 결혼하지 않았다'라는 뜻으로 만들어진 단어는 아니었지만, 물어보는 사람들이 그런 뜻으로 사용해 왔으니 대안이 필요했던 겁니다. '앞으로도 결혼은 안 할 거다.', '지금은 결혼하지 않고 혼자 살기로 했다.'라는 자신의 결정을 분명히 전달해야겠다고 생각한 거예요. 그러면 상대도 더는 불편한 질문을 하지 않겠지요.

미혼이라는 말에 담긴 차별을 거부한다는 의미도 있습니다. 혼자 아이를 키우는 여성과 남성을 '미혼모', '미혼부'라고 합니다. 결혼하지 않은 엄마, 아빠에게 '미혼'이라는 말을 붙이는 것이 적절한지에 대한 여러 의견이 있습니다. '아이가 있는데도 아직 결혼하지 않았다.'는 말에는 가족이 아직 완성되지 않았다는 시선이 담겨 있습니다. 하지만 결혼하지 않았어도 부모가 될 수 있고, 아이가 엄마 혹은 아빠하고만 사는 가족도 있습니다. 부부와 자식으로 이뤄진 가족만 정상이라고 생각하는 편견은 각자의 모습으로 존재하는 다른 가족의 형태를 비정상으로 인식하게 만듭니다. 그래서 '미혼부'와 '미혼모'도 차별과 편견의 이름일 수 있습니다.

비혼의 등장은 결혼만이 완성된 상태라고 말하는 '미혼'의 차별적인 시선에 대한 저항이겠지요. '비혼'은 평생 결혼하지 않겠다고 선언하기 위해 쓰기도 하고, 나중에는 모르겠지만 지금은 결혼하지 않은 상태로 살기로 했다는 의미로 쓰기도 해요. 어떤 이유이든 상대가 마음대로 결혼을 하지 않은 자신의 상태를 평가하고 판단하지 말라는 의지를 표현하는 것입니다.

성소수자(LGBTQ)란?

성소수자는 동성애자, 양성애자, 무성애자, 트랜스젠더 등을 모두 포괄하는 단어입니다. 사회적으로 보편적이라고 불리는 성 정체성과 성적 지향에 포함되지 않는 사람들을 뜻합니다. 생물학적 성별과 사회적 성별이 일치하며 자신과 다른 성별을 사랑하는 이성애를 사회에서는 다수의 보편적인 사람으로 보기 때문에 이에 해당하지 않는 경우를 소수자로 구분하고 있습니다. '색다른', '이상한'이라는 뜻의 퀴어(Queer)라는 영어 단어도 성소수자를 뜻하는 대명사처럼 사용되고 있습니다. 성소수자 가운데 어떤 정체성과 성적 지향을 언급하는지에 따라 각각의 사람들을 나타내는 단어의 알파벳을 빼거나 더해서 용어를 만들기도 해요. 예를 들어 LGBTQ는 레즈비언(Lesbian)과 게이(Gay), 양성애자(Bisexual), 트랜스젠더(Transgender) 그리고 아직 자신의 성 정체성에 의문이 있는 사람들을 뜻하는 퀘스처너(Questioner)의 앞글자를 따서 만든 알파벳 조합입니다.

Q. 성 정체성과 성적 지향이란 무엇인가요?

A. 남성과 여성, 혹은 제3의 성별이라고 스스로 자각하는 것이 성 정체성입니다. 태어날 때 신체적 특징으로 결정되는 성별과 내면에서 자아가 인식하는 성별이 일치하지 않는 경우도 있습니다. 성적 지향은 어떤 상대에게 감정적으로, 성적으로 끌리는지를 나타내는 것입니다. 다른 성별을 사랑하는 이성애, 같은 성별을 사랑하는 동성애, 양쪽을 모두 사랑하는 양성애 등이지요. 생물학적 성별과 사회적으로 지정된 성별이 일치하는 이성애자가 아닌 경우 자신의 정체성을 인식하고 받아들였더라도 이를 공개적으로 말하기는 쉽지 않습니다. 그런데도 자신의 성 정체성을 밝히는 것을 '커밍아웃'이라고 합니다. '벽장 속에서 나오다(Come out of closet)'라는 문장을 줄인 것입니다. 성소수자가 '세상으로 나온다'는 의미를 담고 있습니다.

Q. '커밍아웃'이라는 말은 비유나 상황 설명이 필요할 때도 수시로 쓰는데 이런 표현이 왜 적절하지 않은 건가요?

A. 다른 사람에게 말하지 않았던 의견, 취향을 드러낼 때 'ㅇ 밍아웃'이라는 표현을 씁니다. 예를 들어 누구의 '덕후'인지 주변 사람들에게 알리는 것을 '덕밍아웃'이라고 하지요. 하지만 커밍아웃은 사회의 편견과 차별에도 불구하고 자신의 성 정체성을 공개하는 큰 결심과 결의가 담긴 행동입니다. 차별에 맞서 싸우겠다는 의지도 담겨 있습니다. 누군가는 인생을 걸고 하는 말을 단순한 비유를 위해 써도 되는 걸까요? 성소수자를 나타내는 단어를 남을 놀릴 때 쓰는 것도 마찬가지입니다. 흔히 남자 친구들 사이에서 '게이'라는 단어가 들어간 말을 욕으로 사용하기도 합니다. 다른 사람의 정체성을 뜻하는 말을 희화화하고 조롱하는 것은 장난이 아닌 혐오 표현입니다.

Q. 비하하려는 의도가 아니고 흔히 쓰는 표현으로 장난친 것인데도 혐오인가요? 아무에게도 피해를 주지 않았는데도요?

A. 상대의 행동이나 모습을 보고 '게이', '레즈', '트랜스'와

같은 단어를 넣어 장난스럽게 놀리는 말을 하곤 하지요. 그런데 성소수자 친구가 이런 말을 들었다면 어떨까요? '나의 진짜 모습을 알게 되면 놀리겠구나.', '날 싫어하거나 괴롭히지는 않을까?', '절대 나의 정체성을 들키지 말아야지.'라고 생각할 수 있겠지요. 이런 표현이 장난으로 만들어질 수 있었던 것은 오랜 기간 성소수자를 차별해왔던 사회이기에 가능한 것이 아닐까요?

그런 사회에서 이런 말은 단순한 언어적 표현을 넘어 소수자를 향한 위협이 되기도 합니다. 한 지하철역에 걸린 성소수자 차별 반대 광고판이 일곱 번이나 망가진 일이 있었습니다. 누군가 의도적으로 반복해서 찢은 것이지요. 성소수자들에 대한 공격은 실제로 일상에서 일어나고 있습니다. 상대에게는 두려움이 될 수도 있는 표현을 단지 다른 사람들도 흔히 쓰는 말이라고 해서 장난처럼 써도 되는 걸까요?

4장

아이는 가족과 사회가
함께 키워요

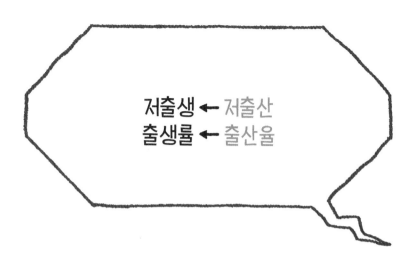

저출생 ← 저출산
출생률 ← 출산율

　태어나는 아기의 숫자가 점차 줄어드는 것을 저출산 현상이라고 합니다. 과거보다 얼마나 감소했는지는 '출산율'이라는 숫자로 확인하지요. 15세부터 49세까지 가임 여성, 즉 임신할 수 있는 여성 1,000명마다 몇 명의 아이가 태어났는지 통계로 보여 주는 것이 출산율입니다. 현재의 출산율을 기준으로 여성 한 명이 평생 몇 명의 아이를 낳을지 예상하기도 하는데 이 숫자를 '합계 출산율'이라고 해요. 예를 들어 합계 출산율이 1.0이라면 그 나라의 여성들은 평생 한 명의 아이를 낳는다는 것이지요. 2020년 통계청 인구동향조사 결과, 한국의 합계 출산율은 0.84입니다. 한국 여성들은 평균 0.84명의 아이를 낳는다는 것인데, 세계에서 가장 작은 숫자입니다. 특히 숫자가 1보다 작다는 건 인구가 빠르게 줄어든다는 의미이기도 해요. 두 명 혹은 한 명의 부모 밑에 자녀 수가 한 명이 되지 않으니 부모 다음 세대 인구는 지금보다 감소할 수밖에 없습니다.

'한국의 심각한 저출산 문제'라는 제목의 기사는 심심치 않게 등장합니다. 기사에서는 출산율이 얼마나 심각한 수준인지, 그리고 이렇게 낮은 출산율의 원인이 무엇인지 설명합니다. 그러면서 여성들이 왜 아이를 낳지 않는지, 왜 점점 여성들이 결혼하려고 하지 않는지, 앞으로 여성들이 아이를 더 많이 낳으려면 어떤 정책이 필요한지 이야기하지요. 이상한 건 저출산의 현상과 해결법에 등장하는 성별은 여성뿐이라는 점입니다. 임신과 출산은 여자의 몫이니까 어쩔 수 없는 걸까요?

몇 년 전 정부에서 '대한민국 출산지도'라는 것을 만들었습니다. 임신 가능한 여성이 지역마다 몇 명씩 살고 있는지 표시한 지도였지요. '서울 마포구 ○ 만 명' 이런 식으로요. 지도를 본 여성들은 "여성을 아이 낳는 기계로 취급했다.", "여성이 걸어 다니는 자궁인가."라며 분노했습니다. '국가에 성희롱을 당한 기분'이라는 댓글도 있었습니다. 정부는 '저출산 대책을 위한 통계를 보여 주려고 했을 뿐'이라고 설명했습니다. 하지만 이런 해명에도 논란은 사그라지지 않았고 지도는 하루 만에 홈페이지에서 사라졌습니다.

여성들은 왜 분노하며 정부에 항의했을까요? 여성을 '아이 낳는 존재'로만 바라본 통계이기 때문입니다. 출산 가능한 여성의 숫자를 표시한 지도가 저출산 대책이라면, 또 저출산 통계에 여성만 존재한다면 이 문제의 원인도 여자이며, 해결책도 여자라는 잘못된 결론을 내릴 수 있습니다. 실제로 결혼을 하지 않았거나 결혼하고도 아이를 낳지 않는 여성들을 이기적이라고 말하는 사람도 있어요. 유학이나 승진을 위해 결혼과 출산을 선택하지 않는 여자들 때문에 저출산 문제가 심각해졌다고도 하지요. 나은 미래를 위해 더 공부하고 노력하고 싶은 욕구는 여자나 남자 모두에게 있습니다. 남자에겐 당연한 일이 왜 여성들에게는 이기적인 일이 되는 걸까요?

몇 년 전 직장에 결혼한다고 말한 친구는 청천벽력과 같은 통보를 받았습니다. "○○씨, 곧 결혼한다면서요? 그럼, 회사를 나가 주었으면 좋겠습니다." 직장에서는 여자인 제 친구가 결혼하면 곧 아이를 낳을 것이며 출산휴가를 다녀와 육아휴직을 할 것이라고 생각했습니다. 한동안 일을 못 하는 상황이 될 테니 1년마다 맺었던 고용 계약을 더는 맺지 않겠다고 한 것입니다. 한국의 출산율이 세계에서 가장 낮은 이유를 이 사연을 통해 추측할 수 있었습니다. 결혼도 하기 전에 이미 출산한다는 가정하에 일자리를 잃었던 친구가 만약 아이를 낳지 않겠다고 결정한다면 이기적인 걸까요? 출산율이라는 통계에는 여성들의 선택에 대한 배경은 보이지 않아요.

'저출생'이라는 개념은 이런 문제의식에서 시작됐습니다. '출생률'은 인구 1,000명마다 태어나는 신생아 숫자를 기준으로 낸 통계입니다. 저출생은 이 출생률을 통해 '태어나는 아기가 점점 줄어들고 있다'는 현상을 정의합니다. 출산율은 가임 여성을 기준으로 산정한 숫자이지만 출생률은 인구 전체를 기준으로 놓는 것입니다. 여성들이 적게 낳는 것을 문제로 보는 저출산. 전체 인구와 비교해 아이가 적게 태어나는 것을 문제로 보는 저출생. 두 가지 통계 모두 인구의 증감을 분석하는 도구이지만 문제를 보는 출발점이 다릅니다. 여성만 등장했던 통계를 아기를 중심으로 바꾸면 아기가 태어나는 사회와 아이를 키우는 환경을 생각하게 되지 않을까요? 풀리지 않는 문제를 해결하려면 문제를 풀기 위한 시작점부터 달라져야 할 것입니다. 이번 장에서는 문제의 시각을 바꾸기 위해 새로 생겨난 말을 알아보겠습니다.

'임신·출산 해고 대상자', '육아 해고 대상자'. 아이를 낳아 키우면서 하던 일을 더는 할 수 없게 된 여성들을 나타내는 단어입니다. 조금은 무시무시하게 들리는 이 말들을 익숙한 말로 바꾸면 '경력 단절 여성'이라고 해요. 줄임말로 '경단녀'라는 단어는 들어본 적이 있을 겁니다. '임신·출산 해고 대상자'라는 말을 처음 제안한 『지워지지 않는 페미니즘』의 저자는 이렇게 주장합니다.

경력 단절 여성이라는 말에는 중요한 것이 빠져 있다. 경력이 단절된 사정은 담기지 않고, 상태만 보여 준다.

새로운 단어에 담겨 있는 여성의 이야기를 연극배우 A씨 삶을 통해 해 보겠습니다. 『경향신문』, 「언니는 왜 '프리'를 선언당했나」에도 소개된 적이 있어요. 어린 시절부터 연기하는 사람이 되고 싶었던 그는 무대에 오르는 순간이 가장 행복하다고 합니다. 배우가 되려고 극단에 들어갔고 그곳에서 남자 친구를 만나 결혼해 곧 첫아이가 생겼어요. 기쁜 마음에 친한 극단 사람들에게 임신 소식을 알렸지만 예상과 전혀 다른 말을 들었다고 해요. "너 미쳤어!" 나무라는 듯한 반응은 경력이 끊어질까 걱정한 선배들의 마음이 담긴 소리라는 것을 A씨는 알고 있다고 했습니다. 그때까지 출산하고 다시 무대에 선 여성 배우는 극단에서 단 한 명도 없었기 때문입니다.

출산과 육아로 일자리를 잃고 경력이 끊긴 여성들은 스스로 원해서 하던 일을 멈춘 것이 아니라고 말합니다. 자신의 의지와 다르게 '해고 대상자'가 되어 버렸으니까요. '임신·출산 해고 대상자'라는 단어를 만든 사람들은 '경단녀'라는 말이 익숙해질수록 여성들의 경력이 단절된 이유는 보이지 않게 되고 일하지 않는 여성들의 모습만 남을 수 있다고 우려합니다. 또 출산과 육아를 경험한 여성은 경력이 부족하다는 선입견을 만들 수도 있습니다. 앞에서 '된장녀'를 쓰면 안 되는 이유에서 보았듯이 '경단녀'라는 말 역시 현상을 만든 원인은 사라지고 경력이 단절된 여성들의 모습으로만 남게 된다는 것이죠. 단어를 제안한 저자는 익숙한 말이 가지는 힘을 잘 알고 있었던 것 같습니다.(1장 '사라져야 하는 말, ○○녀' 35쪽 참고) 최근에는 '경력 보유 여성'이라는 용어를 쓰기도 합니다. 직장을 그만두기 전에 분명 일했던 경력을 가졌는데 '단절'에 방점이 찍혀서 그 사실이 가려져 있었기 때문이에요. 여성들이 다시 일할 수 있게 돕는 지원안이나 조례에 이런 말이 등장하기 시작했습니다. 시선을 달리하면 차별적인 표현도 얼마든지 바꿀 수 있습니다.

　결혼과 출산은 부부 모두에게 인생의 큰 전환점입니다. 하지만 아이가 태어난 후 다니던 직장에서 계속 근무할 수 있을지, 일은 계속 할 수 있을지 고민하는 것은 대부분 여성입니다. '경단남'이라는 말은 없습니다. '경단녀'라는 단어의 존재가 이미 여성이 처한 현실을 보여 주는 셈이지요. '아이는 엄마가 키워야 한다'라는 낡은 공식으로 결혼한 여성에 대한 선입견을 만드는 줄임말은 사라져야 하지 않을까요?

아기를 태우는 수레라는 뜻의 '유모차'. 아이들이 안전하게 걸어 다닐 수 있도록 교통 안내를 하는 '녹색어머니회'. 두 단어에는 공통점이 있습니다. 무엇인지 찾았나요?

유모차의 '모(母)', 녹색어머니회의 '어머니'. 둘 다 '엄마'가 들어 있지요. '엄마'라는 단어와 조합된 말은 이 밖에도 꽤 있습니다. '맘카페', '마미캅', '직장맘'……. 대부분 육아와 관련된 말인데, 이 단어들이 변화되고 있다고 합니다. 몇 가지 사례를 같이 보겠습니다.

첫 번째는 '유모차'입니다. '아이(乳)'를 태워 '엄마(母)'가 끌고 가는 '수레(車)'라는 한자 조합이네요. 그런데 유모차를 한 번도 본 적이 없는 사람이 이 단어를 한자로 처음 알게 됐다면, 어머니만 사용하는 물건이라고 생각하지 않을까요? 집안일과 육아가 여성의 일이라고 생각했던 시절에는 정말 유모차를 엄마만 밀고 다녔을지도 모르겠습니다. 제가 아주 어렸을 때는 "남자가 부끄럽게 유모차를 밀고 다니냐?"고 말하는 사람도 있었거든요. 하지만 지금은 길에서, 공원에서 또 지하철에서 아이를 태운 유모차를 끌거나 아이를 안고 가는 남성들을 쉽게 볼 수 있지요. 그래서 유모차에서 '모'를 빼고 아이를 뜻하는 '아(兒)'를 넣어 '유아차'로 바꿔 부르기 시작했습니다. 수레를 누가 끌고 가는지보다 수레에 타고 있는 아이를 중심으로 단어를 만든 거예요.

'녹색어머니'라는 단어도 생각해 봅시다. 등하교 시간에 학교 주변 횡단보도에서 조끼를 입고 깃발을 들고서 아이들의 안전을 지켜 주는 사람을 가리키는 말입니다. 요즘은 '마미캅', '어머니폴리스' 등 학교마다 이름이 조금씩 다르지만 제가 학교 다닐 땐 모든 학교에서 '녹색어머니'라고 불렀어요. 녹색어머니들이 회원으로 가입된 '녹색어머니회'라는 단체도 있습니다. 이 단체는 이름 그대로 어머니만 회원이 될 수 있어요. 예전에는 자녀의 학교생활에 대한 일은 전부 엄마가 맡아서 했기 때문에 이런 규정을 만들 수 있었을 거예요. 하지만 '녹색어머니'라는 이름과 가입 규칙이 누군가에게 상처가 되기도 합니다. 혼자서 딸을 키운 아빠가 쓴 책의 한 구절을 같이 읽어 볼까요.

굳이, 내가 길거리에 나서면서까지 지금껏 엄마 없이 살아왔다는 걸 우릴 모르는 아이들과 부모들에게까지 알릴 필요가 있을까? 그게 혹 우리 아이에게 상처가 되지 않을까? (중략) 아무래도 녹색어머니회 활동은 무리일 것 같은 생각이 든다. 녹색학부모회였다면 또 모를까.

-정일호, 『미안해 사랑해』 중에서

초등학생 딸과 둘이 사는 아빠는 녹색어머니 봉사 순서가 다가올수록 고민에 빠집니다. 딸의 친구들이 녹색어머니 중 유일한 아빠인 자신을 보고 엄마와 살지 않는다는 사실을 알아차리게 될까 걱정하는 것이지요. 아빠의 말처럼 처음부터 엄마든 아빠든 당번 날 시간을 낼 수 있는 쪽이 학교에 가는 '녹색학부모회'였다면 어땠을까요? 이제는 '녹색학부모회'라고 부르는 학교가 많아졌다고 하니 다행입니다. '어머니폴리스'나 '마미캅' 대신 '아이안전지킴이'로 바뀐 곳도 많다고 합니다. 물론 봉사는 아빠도 할 수 있습니다.

다음은 '맘카페'라는 단어입니다. 육아와 관련된 정보를 공유하는 온라인 커뮤니티를 '맘카페'라고 부르지요. 보통 지역을 앞에 붙인 '○○○ 맘카페'라는 이름으로 학교나 학원 소식과 정보, 지역에서 일어나는 일을 공유합니다. '맘카페'는 엄마만 가입할 수 있는 것일까요? 회원가입을 할 때 '아이를 키우는 여성'이라는 것을 증명해야 하는 곳도 있지만, 대부분 다른 커뮤니티처럼 간단

한 절차로 가입할 수 있어요. 하지만 엄마들의 모임이라는 인식이 많아 아빠들이 많지는 않습니다. 자연스럽게 아이와 관련한 정보를 엄마가 찾아보고 준비하게 되는 일이 많아지기도 합니다. 그래서 커뮤니티 이름을 '육아 카페'로 바꾸는 곳도 있습니다. 엄마든 아빠든 아이를 키우는 누구나 정보를 공유하고 얻을 수 있는 공간이 될 수 있도록 하려는 것입니다.

마지막으로 '맘스 스테이션'을 어떤 단어로 바꿨는지 보겠습니다. 서울의 한 학교에서는 차를 타고 학교 앞에 내리는 학생들이 안전하게 다닐 수 있도록 교문 옆에 따로 정거장을 만들었습니다. 근처를 오가는 차들이 이 정거장 표시를 보면 속도를 줄여서 아이들을 보호할 수 있도록 말이에요. 정거장의 이름은 '맘스 스테이션'이라고 붙였습니다. 한글로 바꾸면 '엄마 정거장'이네요. 단어만 놓고 보면 '녹색어머니'처럼 학교 가는 자녀를 챙기는 일은 엄마가 해야 하는 일이라는 인상을 줄 수 있겠지요. 아빠가 데려다줄 수도 있고 할아버지나 할머니가 데려다줄 수 있는데도요. 정거장을 만든 학교는 이런 지적을 받아들여서 이름을 '어린이 승하차장'으로 바꿨다고 합니다.

재생산권 ← 모성보호

　'모성(母性)'은 사전적으로는 임신과 출산, 양육과 관련해서 여성이 어머니로서 갖는 정신적, 육체적인 본능을 뜻합니다. '세상에서 가장 큰 어머니의 사랑', '여자는 약하지만, 엄마는 강하다.' 아낌없는 위대한 사랑으로 표현되는 '모성'과 '모성애'는 여자라면 당연히 가지고 있는 기질이라고 이야기합니다. 그래서 엄마는 자식의 모든 것을 보듬고 희생하며 헌신하는 존재로 그려지기도 하지요. 정말 모성은 태어나면서부터 갖는 본능일까요?

　초보 엄마의 에피소드를 다룬 「산후조리원」이라는 드라마가 있었습니다. 엄마의 현실을 사실적으로 그려서 큰 공감을 얻었는데 주인공이 흔히 '엄마' 하면 떠오르는 모성애 넘치는 모습은 아니었지요. 갓 태어난 아이를 처음 품에 안으면 출산의 고통이 싹 달아날 정도로 감동적이라고 합니다. 그런데 드라마 속 주인공은 아이의 얼굴을 보자마자 '뭐가 이렇게 빨갛지? 예쁜 건가?'라는 생각을 해요. 아기와 둘이 있으면 어색해하고, "사랑해"라는 말을 쉽게 하지도 못하지요. 주인공은 스스로 엄마 자격이 없는 것은 아닌지 괴로워합니다. 하지만 이런 감정을 느끼는 엄마들은 실제로 많습니다. 모성이 없는 엄마로 보일까 봐 남들에게 솔직히 표현하지 못할 뿐이지요.

수시로 잠에서 깨는 아이 때문에 짜증이 나고 어쩔 줄 몰라 허둥댑니다. 어떻게 해도 아이가 울음을 그치지 않으면 답답한 마음에 엄마도 같이 울기도 하고요. 출산으로 틀어진 몸은 예전처럼 회복될까, 직장으로 다시 돌아갈 수 있을까 걱정이 앞서기도 합니다. 이런 생각을 하는 자신이 나쁜 엄마는 아닌지 자책하며 죄책감도 느끼지요. 모성이 본능이라면 이런 감정은 왜 드는 걸까요? 엄마의 역할에 실수와 불만, 불평을 용납하지 않는 '모성'이라는 단어 앞에서 엄마의 이런 고민은 쓸데없는 '이상한 것'이 되어 버립니다. 처음에는 모두 서툰 엄마이고, 엄마도 자기 자신을 잃고 싶지 않은 사람인데 말이에요. '엄마라면 당연히 ○○해야 한다'는 환상을 '모성 신화'라고 부르는데, 모성을 본능이라고 보는 것도 모성 신화의 하나입니다.

모성 신화는 사람들의 생각뿐 아니라 국가의 정책에도 반영

돼 있습니다. 출산은 새로운 국민이 태어나는 중요한 일이죠. 그래서 국가에서는 모성을 보호합니다. 임신과 출산, 육아에 필요한 것을 지원하고 여성이 아이와 관련된 일로 회사와 사회에서 차별받지 않도록 모성보호법을 정해 놓았어요. 표준국어대사전에는 국가의 '모성보호'를 '여성 고유의 본성에 근거해 어머니의 몸을 보호하고 다음 세대의 사회 구성원을 건강하게 재생산할 수 있도록 보장해 주는 사회적 보호 조치'라고 설명합니다.

그런데 국가에서 보호하는 모성에 포함되지 않는 엄마도 있다고 해요. 한 방송인이 결혼하지 않고 엄마가 된 사실을 공개해 화제가 됐습니다. 기증받은 정자로 인공수정을 해서 아이를 가졌는데 한국에서는 시술할 수 없어서 일본으로 갔다고 합니다. 한국에서는 파트너가 없는 비혼 여성에게 인공수정 시술을 해 주는 병원이 없어요. 국가에서 지원해 주는 대상이 아니기 때문이에요. 엄마가 되고 싶었던 이 방송인은 모성이 없다고 판단한 걸까요? 여자의 본능이라는 모성에도 종류가 있는 걸까요?

여성학과 법을 연구하는 사람들은 국가가 '모성'만 보호하는 정책을 만들었기 때문에 임신과 출산, 육아의 과정에 등장하는 다양한 인물과 장면을 놓치고 있다고 말합니다. 성별과 결혼, 파트너의 존재 등에 상관없이 모든 사람에게 아이를 낳아 키울 수 있는 '권리'가 있다는 생각을 하지 못해서 생기는 문제라고 해요.

1994년 전 세계 국가들이 유엔 국제인구개발회의(ICPD)에

모여 인구 문제를 논의한 적이 있습니다. 이 자리에서 '재생산권'을 인권의 하나라고 선언했지요. 아이를 누구랑 언제, 몇 명을 낳아 기를지 결정하는 재생산권은 모든 사람이 가진 권리이고 국가는 국민이 이 권리를 지킬 수 있도록 제도와 정책을 만들어야 한다는 데 뜻을 모았습니다.

여러분은 출산 장려나 산아 제한이라는 말을 들어 본 적이 있나요? 그동안 국가는 인구가 너무 많아지면 자녀 숫자를 제한하고 저출생이 문제가 될 땐 더 많이 낳게 하려고 지원을 늘리는 식으로 재생산을 관리해 왔습니다. 여성의 임신과 출산도 관리의 대상이었던 것이죠. 재생산을 권리로 본다면 아이를 낳을 권리, 아이를 낳지 않을 권리, 언제 누구와 함께 낳아 기를지 선택할 권리 등은 국가가 통제할 수 없습니다. 국민의 권리이니까요. 또 권리를 지킬 수 있도록 정부가 대상을 선택해 지원할 문제도 아닙니다. 국민 모두의 권리이니까요. 앞서 이야기한 방송인도 결혼하지 않은 것이 문제가 될 수 없지요. 인구를 늘려 국가에 이바지하기 때문에 모성을 보호하는 것이 아니라, 여성의 재생산권을 보호하는 것이 국가의 의무이니까요. 어떤 형태의 가족인지, 성별은 무엇인지 자격과 기준이 필요하지 않습니다. '재생산권'은 한국에서는 아직 매우 생소한 단어입니다. 새로운 말을 통해 '부모'가 되는 것, 그리고 한 번도 생각해 보지 않았던 권리에 대해 고민하는 계기가 됐으면 좋겠습니다.

Q&A

백래시란?

'백래시(backlash)'는 시민들의 '반발'을 뜻하는 말입니다. 특히 불평등을 개선하고 약자를 지원하는 제도를 반대하는 현상을 의미해요. 공동체의 발전과 평등한 사회를 위한 일들에 대해 '불합리하다', '지나치다', '역차별이다'라고 평가하는 목소리가 나오는 거지요. 이들은 단순히 의견을 주장하는 데 그치지 않고 사회적 지원과 제도로 보호받는 대상에게 폭력을 가하는 과격한 모습을 보이기도 합니다. 사회의 변화로 인해 자신이 가지고 있던 힘과 지위가 흔들린다고 생각하기 때문이에요. 미국 출신 언론인 수전 팔루디는 1991년 『백래시』라는 책에서 1980년대 이후 페미니즘에 대한 사회적인 공격을 이 단어를 통해 설명했습니다. 그래서 지금은 '페미니즘에 대한 반발'이라는 의미로 많이 사용합니다.

Q. 더 좋은 사회를 만들려고 변하자는데 왜 백래시가 생기는 건가요?

A. 무엇에 반발하는지 따져 보면 이유를 알 수 있습니다. 흑인들의 인권 운동이 본격적으로 시작된 1960년대 일부 백인들이 '화이트 백래시'를 일으켰습니다. 인종에 따른 차별금지법, 소수 민족 지원 등에 반대하면서 "흑인을 우대하고 백인을 역차별한다."라고 주장했어요. 흑인이 백인과 동등해지는 사회적 변화가 백인의 기득권을 뺏는다고 느꼈던 걸까요? "평등 정책은 옳지 않다."라고 주장하거나 "미국으로 다른 민족과 인종이 이민을 오지 못하게 막겠다."라고 약속한 정치인을 지지하는 백인들이 늘어나는 현상 역시 백래시로 볼 수 있습니다. 페미니즘에 대한 백래시는 경제가 원인이라는 분석이 있습니다. 성장의 시대를 살았던 아버지 세대는 혼자 벌어도 풍요롭게 가족의 생계를 책임질 수 있었던 반면 경제가 성장을 멈춘 아들 세대는 경쟁이 치열해지면서 과거보다 살기가 어려워졌습니다. 기회가 사라지고 각박해진 원인을 여성들의 사

회 진출이 늘어난 탓으로 돌린 사람들이 성평등 정책 등에 반대하기 시작하면서 페미니즘에 대한 백래시로 이어졌다는 거예요.

Q. 페미니즘 백래시는 어떤 형태로 일어나나요?

A. "남자를 역차별한다.", "미투 운동은 조작되었다.", "성범죄가 아니라 여자가 꼬셔서 넘어간 것이다.", "성평등은 이미 이뤄졌으니 여성가족부는 폐지되어야 한다.", "페미니즘은 나쁜 것이다.", "성평등을 말하는 것이 잘못됐다."라는 인식을 하게 하는 주장들이 나옵니다. 여성이 겪는 불평등한 현실을 부정하는 목소리도 생기죠. 채용 차별, 제대로 처벌되지 않는 성범죄 등 문제를 제기한 여성이 사회적인 분란을 일으키고 괜한 불안감을 조성한다며 매도하기도 해요. 사회문제의 원인을 페미니즘 탓으로 돌리는 거예요. 미국에서는 페미니즘에 대한 백래시로 2001년 일어난 9·11 테러가 "미국이 여성화되어서 공격당한 것"이라고 주장하는 사람들도 있었다고 해요.

Q. 페미니즘 백래시가 아니라 사회적 남녀 갈등 문제는 아닌가요?

A. 페미니즘은 '모든 인간은 동등하다.'라는 인권과 같은 개념입니다. 여성도 남성과 같은 권리를 가진 존재라고 강조해요. 그래서 마치 남성과 여성이 대립하고 갈등하는 논쟁처럼 보이기도 합니다. 하지만 논쟁은 비슷한 상황의 두 주체가 힘을 겨루는 거예요. 페미니즘은 사회적으로 차별을 받는 여성에 대한 처우를 개선하고 고정관념을 깨뜨려야 한다는 것입니다. 평등해야 한다는 목소리를 두고 "여성이 약자라고 설명하는 선생님은 페미니스트일 거야.", "여자인데 쇼트커트를 했으니 페미니스트일 것이다.", "너 페미지?"라며 공격의 대상으로 만듭니다. 이런 현상을 논쟁이라고 할 수 있을까요? 앞서 언급한 책 『백래시』에서는 페미니즘 백래시에 대해 다음과 같이 말합니다. "페미니즘에 대한 반격은 여성들이 완전한 평등을 달성했을 때가 아니라, 그럴 가능성이 커졌을 때 터져 나왔다."

5장

그건 사랑이 아니라
폭력이에요

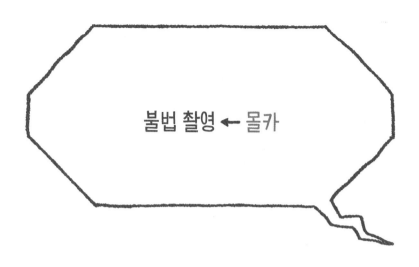

불법 촬영 ← 몰카

몰래카메라의 줄임말 '몰카'는 카메라에 찍히는 사람이 촬영
되고 있음을 알아채지 못하게 촬영하는 것이나 그렇게 찍은 동영
상을 의미합니다. 숨겨진 카메라를 뜻하는 말로도 '몰카'를 쓰지요.
'몰래'와 '카메라'를 합친 이 단어는 어디서 처음 사용했을까요?

1990년대 일요일마다 TV에서 방송됐던 예능 프로그램에
'몰래카메라'라는 코너가 있었습니다. 연예인이나 유명한 사람 한
명을 정해서 그 사람이 깜짝 놀랄 상황을 연출하는 내용이었어
요. 주인공의 매니저나 친구가 방송국과 사전에 대본을 짜서 일부
러 곤란한 일을 만들기도 하죠. 갑자기 벌어진 상황에 놀라고 당
황하는, 평소 보지 못했던 주인공의 반응을 볼 수 있는 게 이 코너

의 재미였습니다. 긴장감이 아슬아슬 최고조에 달하면 진행자는 숨어서 촬영하던 카메라와 함께 등장해 "지금까지 몰래카메라였습니다!"라고 외칩니다. 마음을 졸였던 주인공은 다리에 힘이 풀려 주저앉기도 하고, 안도감에 눈물을 보이기도 했어요. 자신을 속인 진행자와 제작진이 괘씸할 만도 한데 '장난이었다'라며 웃는 상대방에게 화를 낼 수 없었던 걸까요? 방송은 매번 모두 웃으며 끝이 났습니다.

이 프로그램이 큰 인기를 끈 후부터 누군가 놀래 주려고 상황을 꾸미거나 카메라를 숨기고 촬영하는 일을 '몰래카메라'라고 부르게 됐습니다. 방송이 끝난 지 수십 년이 흐른 지금까지도 '몰래카메라'의 뜻은 누구나 알고 일상적으로 사용합니다. 문제는 예능 프로그램의 이름을 붙여 장난삼아 부를 수 없는 일까지 '몰카'로 부르게 됐다는 것입니다.

'워터파크 몰카 논란', '카톡방 몰카', '유명인이 몰카 촬영하다 검거'……. 포털사이트에 '몰카'와 '몰래카메라'를 검색하면 사건 기사가 끝도 없이 나옵니다. 다양한 장소에서 남의 신체를 몰래 찍다 적발된 사건들이지요. 이런 행위를 '몰카'라고 부르면 안 된다는 지적은 오래전부터 나왔습니다. 장난 같은 이름 탓에 명백히 처벌받아야 하는 '불법 촬영'을 범죄가 아니라고 착각할 수 있기 때문입니다. 하지만 불법 촬영은 수십 년간 '몰카'라는 잘못된 이름으로 불리고 있습니다. 그리고 실제로 불법 촬영의 가해자들은 거의 처벌을 받지 않았습니다.

예능 프로그램 '몰래카메라'가 방송되고 얼마 지나지 않은 1997년도에 '몰카 사건'이 발생했습니다. 서울 신촌의 한 백화점에서 여자 화장실 천장에 초소형 카메라를 설치한 뒤 몰래 손님을 촬영하고 있었던 것입니다. 언론들이 대대적으로 보도하면서 큰 논란이 됐고 여성 단체는 '성추행 카메라 범죄'에 대해 회사가 사과하고 카메라를 설치한 사람들을 처벌하라고 했습니다. 백화점 앞에서 여러 번 시위도 했지요. 하지만 백화점 관계자 중에 처벌을 받은 사람은 한 명도 없었습니다. 당시에는 다른 사람을 카메라로 몰래 촬영한 행동을 처벌할 수 있는 법이 없었기 때문이에요. 아무것도 모르고 백화점 화장실을 이용하다 자신도 모르게 카메라에 찍힌 고객을 피해자라고 정의할 법적인 근거가 없었던 겁니다. 그러니 찍은 사람에게 벌을 내릴 방법도 없었습니다.

이 사건을 계기로 카메라를 숨겨 몰래 촬영하는 것은 범죄이며 처벌해야 한다는 인식이 생기기 시작했습니다. 1998년 성폭력을 처벌하는 법(성폭력 범죄의 처벌 및 피해자 보호 등에 관한 법률)에 '카메라 등을 이용해 촬영하는 행위'가 추가되고 나서야 불법 촬영을 성폭력 범죄로 처벌할 수 있게 됐습니다.

하지만 지금까지도 불법 촬영은 여전히 '몰카'로 불립니다. 법은 생겼지만, 단속과 처벌도 엄격하게 이뤄지지 않습니다. 법무부의 '2020 성범죄 백서'에 따르면 촬영하다가 경찰에 붙잡혀도 범인의 절반 이상(56.5퍼센트)은 벌금만 내고 끝났고 불법 촬영으로 징역형(8.2퍼센트)을 받는 경우는 사건 10건 중 1건도 되지 않았습니다. '몰카'가 처벌받을 정도로 심각한 일은 아니라고 생각하는 사람이 여전히 많기 때문인 걸까요?

불법 촬영이 '몰카'라는 잘못된 이름으로 방치된 사이 카메라와 촬영 기술은 급진적으로 발달했습니다. 카메라는 더 작고 눈에 띄지 않게 진화했고 스마트폰으로 언제 어디서나 촬영할 수 있는 세상으로 바뀌었습니다.

경찰청에서 발표한 통계를 보면 카메라와 같은 장비를 이용해서 신체 등을 몰래 촬영하는 성폭력 범죄는 2011년 1,535건에서 2015년 7,615건으로 다섯 배나 늘어났습니다. 불법 촬영은 사건 횟수만 많아진 게 아니라 더 심각한 형태의 범죄가 되고 있습니다. 메신저 단체방에 촬영물을 공유하고, 불법 음란물 사이트에 촬영물을 올려 돈을 버는 사람들까지 생겨난 것이죠. 기술과 함께 성범죄 수법도 점점 발달되어 갔습니다.

사태가 계속 심각해지자 정부도 늦었지만 단속을 강화하고 반복적으로 불법 촬영을 하는 사람들을 무겁게 처벌하겠다고 했습니다. 사람들의 눈에 띄지 않는 형태로 교묘하게 만든 카메라도 아무에게나 팔지 못하게 했죠. 온라인에 유포된 불법 촬영 동영상을 샅샅이 찾아내 삭제할 수 있도록 피해자를 지원하기도 합니다. 특히 정부의 공식 문서나 행정을 설명하는데 '몰카'라는 단어를 사용하지 않기로 했습니다. 정부는 몰카 표현을 금지하는 방침을 발표하면서 "장난스럽고 이벤트처럼 표현한 용어가 불법 촬영을 이용한 범죄의 심각성을 감춰 버릴 수도 있다." 라고 설명했습니다. 이번 장에서는 '몰카'처럼 폭력을 가리고 있던 단어들이 어떻게 변화되고 있는지 알아보겠습니다.

디지털 성범죄 ← 리벤지 포르노

복수의 '리벤지(revenge)'와 음란물의 '포르노(porn·porno graphy)'를 합친 '리벤지 포르노'는 뜻만 보면 '복수를 위한 음란물'이라는 말입니다. 하지만 이 말에는 피해자의 고통은 지워 버리고, 가해자의 행동에 이해를 구하는 모순이 숨어 있습니다. 이런 영상들은 자신의 억울함을 복수로 풀기 위한 목적으로 만든 영상도 아니고, 그렇게 해석되어서도 안 됩니다. 음란물이라고 부를 수도 없습니다. 성폭력을 가해자의 시각에서 부르는 말인 '리벤지 포르노'가 가려 버린 진실은 무엇인지, 왜 이런 영상의 이름을 '디지털 성범죄'나 '이미지 성착취(image-based sexual abuse)'라는 말로 바꾸는지 실제 사건을 통해 알아보겠습니다.

보복할 목적으로 연인 관계 혹은 부부 관계에 있을 때 촬영한 영상을 유포하는 리벤지 포르노는 피해자의 현재 삶을 파괴하고, 앞으로 정상적인 관계를 맺지 못하도록 하는 등 그 피해가 심대하다.

『한국일보』,「리벤지 포르노 이례적 징역 3년 엄벌」기사를 보니 헤어진 여자 친구의 불법 촬영물을 유포한 남성에게 법원이 징역형을 내리면서 리벤지 포르노의 무서운 악영향을 이렇게 설명합니다. 가해자 남성은 피해자 여성과 연인이었던 시절에 찍었던 성관계 영상을 온라인 커뮤니티에 올렸습니다. 여자의 친구와 주변 사람 100명에게도 같은 영상을 보냈습니다. "다른 영상도 공개하겠다."며 협박까지 했지요.

한때 사랑했던 사람에게 남자는 왜 이런 일을 저질렀을까요. 가해자는 "헤어지자고 한 것을 복수하기 위해서"라고 했다고 합니다. 복수는 자신에게 해를 끼친 사람에게 앙갚음하는 것입니다. 자신에게 이별을 통보한 여성의 행동이 잘못이기 때문에 자신은 복수하려고 했다고 말합니다. 사랑했던 사람과의 이별은 두 사람에게 모두 가슴 아픈 일입니다. 하지만 헤어지자는 이별 통보가 상대방을 해치려고 하는 일일까요? 연인도, 부부도 여러 가지 사정으로 만나고 헤어집니다. 두 사람이 만나야 연인과 부부가 되듯이 이별도 두 사람이 하는 것이죠. 헤어졌다는 이유로 상대에게 저지른 폭력을 복수라고 할 수 있을까요?

미국에 '사이버시민권보호기구(CCRI)'라는 비영리단체가 있습니다. 온라인 범죄의 피해자를 지원하는 곳입니다. 2014년 이 단체가 만든 '리벤지 포르노 통계'를 보면 가해자가 동영상을 유포한 뒤 피해자의 93퍼센트가 심각한 정신적 고통을 겪고 있음을 알 수 있어요. 특히 가해자들은 성관계 동영상이나 사진을 유포하면서 피해자의 신상 정보도 함께 올리는 경우도 많아요. 피해자가 누구인지 알아볼 수 있도록 말이지요. 그래서 이런 사건의 피해자들은 극도의 불안감을 호소합니다. 자신이 모르는 사이에 어디까지 영상이 퍼져 나갔는지 짐작할 수도 없으니까요. 친구나 동료가 영상을 보고 자신이라는 것을 알게 될 수도 있다는 걱정에 일상생활을 할 수 없는 상태가 되기도 해요. 영상이 유포된 뒤 자살 충동을 느꼈다는 피해자가 51퍼센트나 된다고 하니 심리적 고통이 얼마나 큰지 알 수 있습니다. 심지어 유출된 동영상을 보고 피해자를 찾아내 괴롭히거나 스토킹하는 경우도 있다고 합니다.

한 번 온라인에 업로드된 동영상을 세상에서 완전히 삭제하는 일은 거의 불가능합니다. 영상을 공유하고 복제하는 게 너무 쉬워졌으니까요. 그래서 이런 동영상 유출로 인한 피해는 쉽게 끝나지 않습니다. 그런데도 '리벤지 포르노'라는 단어는 범죄의 도구인 동영상을 '포르노', 즉 음란물이라고 부르고 있어요. 한 사람의 삶을 파괴할 수 있는 불법 유포 동영상을 이렇게 불러도 되는 걸까요? 유포된 영상이 두 사람이 사랑하는 사이였을 때 합의해서 찍은 것이라고 해서 죄가 되지 않는 것은 아닙니다. 그렇다고 남에게 마음대로 공개하는 행위까지 용서할 수는 없으니까요. '리벤지 포르노'는 이 같은 피해와 가해의 구조를 자극적인 단어 뒤로 가려 제대로 판단하지 못하게 만듭니다. 피해자가 먼저 가해자에게 상처를 주었고 가해자는 이를 갚아 주려고 행동했다는 착각이 들게 하지요. '포르노'라는 말이 마치 상업적인 목적으로 연출돼 제작됐다는 인상까지 줍니다.

디지털 성범죄를 교묘히 숨기는 또 다른 이름으로 '아동 포르노'라는 아동 성 착취물이 있습니다. 청소년과 아동, 즉 미성년자가 성적인 행위를 표현하는 영상은 어떤 경우에도 불법이며 이같은 영상을 제작하는 것은 물론 영상 파일을 가지고만 있어도 처벌받는 중대하고 심각한 범죄입니다. 외국에서는 '아동 학대자료'라고 부르는 나라도 있습니다. 이런 동영상에 '포르노'라는 단어를 붙여도 되는 걸까요?

1990년대 후반에서 2000년대 초반, 여성 연예인을 대상으로 한 불법 촬영물 사건이 연달아 일어난 적이 있습니다. 어떻게 유출됐는지 알 수 없는 동영상이 연예인의 이름과 이니셜을 딴 '○○비디오'로 온 나라에 퍼졌습니다. 누가 왜 어떤 목적으로 이런 비디오를 만들어 공유했는지 알지도 못하는 상황에서 국민들에게 "죄송하다"고 사과한 것은 불법 촬영을 당한 여성들이었어요. 이들은 연예 활동도 중단했습니다. 불법 촬영과 불법 동영상 유출 사건의 피해자들이 오히려 사회적으로 문제를 일으킨 사람이 되어 버린 것입니다. 비디오 사건들은 제대로 된 수사가 이뤄지지 않아 가해자가 누구인지 알아내지도 못했고, 처벌을 받은 사람도 없습니다. 사람들의 기억 속에 사건은 가해자가 아닌 피해자의 이름이 붙은 '비디오 사건'으로만 남았습니다.

불법으로 유출된 비디오가 '야동(야한 동영상)'으로 불리며 세상에 퍼지는 동안 피해자들은 보호받기는커녕 마치 자신들이 범죄를 저지른 것처럼 비난을 받았습니다. 이런 일이 반복되지 않기 위해서는 사건의 이름부터 정확하게 불러야 하지 않을까요? '리벤지 포르노', '아동 포르노'는 복수를 위한 것도, 음란물도 아닌 불법으로 유포된 성 착취물, 디지털 성범죄입니다.

데이트 폭력 ← 사랑싸움

　데이트와 폭력. 어울리지 않은 두 단어를 합친 말, '데이트 폭력'이 요즘 자주 사람들의 입에 오르내립니다. 데이트 중에 발생하는 폭력을 뜻하지요. 이런 현상은 오래전부터 존재했지만, 폭력의 심각성을 이야기하기 시작한 건 비교적 최근의 일입니다. '사랑싸움' 사랑하는 연인 사이의 다툼을 이렇게도 부르지요. 흔히 두 사람 사이에서 일어난, 둘만이 아는 일에 다른 사람은 중재하려고 나서면 안 되고, 중재할 수도 없다고 이야기합니다. 의견이 맞지 않아 티격태격하는 말싸움뿐만 아니라 몸과 마음을 다치게 하는 폭력인데도 타인은 개입하면 안 되는 일이라고 생각하지요.

　연인 사이에 일어나는 폭력 현상에 '데이트 폭력'이라는 이름을 처음 붙인 것은 2006년 '한국여성의전화'라는 여성 단체였습니다. 이런 폭력이 둘만의 일로 여겨지지 않도록 새로운 말을 만들었다고 해요. 단체 홈페이지에는 '데이트 폭력'이 무엇인지 자세한 설명이 적혀 있습니다.

> 데이트 폭력은 데이트 중에 발생하는 언어적, 육체적, 정신적, 성적 폭력을 말합니다. 예를 들어 뺨을 때리고, 손찌검을 하고, 물건을 집어 던지거나 구타하고, 데이트 상대를 위협하거나 성관계를 강요하는 등의 행위가 해당됩니다.

이렇게 상황을 구체적으로 적어 놓은 건 이유가 있습니다. 그동안 애인이 뺨을 때리고, 물건을 던지는 등의 행동을 폭력이라고 부르지 않았기 때문입니다. 심각한 폭력까지 '사랑싸움'이라고 하지는 않았지만 '손버릇이 나쁘다', '손찌검한다', '손을 올린다'라는 식으로 에둘러 표현했지요. 2018년 경기도가족여성연구원에서 연인에게 폭력을 당한 적이 있는지 물어보는 설문 조사를 했더니 절반이 넘는 사람들이 폭력을 경험했다고 답했습니다. 데이트 폭력이 생각보다 일상적으로 일어나는 것입니다. 그런데도 사회문제로 다뤄지지 않았던 것은 '사랑싸움', '손버릇'이라는 표현에 가려 남이 끼어들면 안 되는 두 사람의 일로만 여겼던 탓이라고 전문가들은 말합니다. 모호한 표현과 쉬쉬하는 분위기로 데이트 폭력의 피해자 역시 자신이 겪은 폭력을 제대로 인식하지 못하는 상황이 생기기도 해요. '감정이 격해져서 실수로 그랬겠지', '다음엔 안 그러겠지'라고 넘어가는 거예요. 그래서 데이트 폭력은 반복적으로 일어나기 쉽습니다. 피해자가 경찰에 신고하거나 다른 사람에게 도움을 청하지 않으면 가까운 사람도 폭력이 일어나고 있다는 사실을 알 수 없어요.

"사랑해서 그랬어." 데이트 폭력의 가해자들이 피해자에게 잘못을 빌며 가장 많이 하는 말이라고 해요. 피해자도 '나를 너무 좋아해서 그랬을 거야. 다시는 안 그런다고 했으니 믿어 보자', '때리는 것 말고는 좋은 사람이니까'라고 생각하고는 합니다. 하지만 나와 가장 가깝고 친한 사람, 서로 사랑하는 사이라고 해서 폭력과 폭언이 용서되는 것은 아닙니다.

한국여성의전화의 자료에 따르면 남편이나 애인 등 친한 남성이 행사한 폭력으로 1년에 최소 80명의 여성이 사망한다고 합니다. 간신히 죽을 고비를 넘긴 여성도 1년에 200명 가까이 된다고 해요. 연인 사이 폭력이 낯선 사람에게 당하는 폭력보다 위험한 이유는 관계를 끝낼 때까지, 혹은 헤어져도 폭력이 끝나지 않기 때문이죠. 몸에 상처를 내는 물리적 폭력과 강간 등 성폭력만 위험한 건 아니에요. 거친 욕과 정서적 괴롭힘도 마찬가지입니다.

그런데도 여전히 데이트 폭력을 범죄로 보지 않는 분위기는 사라지지 않고 있습니다. 외국인들이 한국 드라마를 보며 이해하기 힘든 부분으로 꼽은 장면이 있습니다. 남자 주인공이 여자 주인공의 손목을 강제로 잡아끄는 것입니다. 한국에서는 '나쁜 남자의 박력 있는 사랑 표현'이라며 '심쿵한' 장면으로 그려지지만, 외국인들 눈에는 여성에게 폭력을 행사하는 모습이기 때문이에요. 어떻게 이런 장면을 연출할 수 있는지 불쾌감도 느낀다고 해요. 상대방을 벽에 밀쳐 움직이지 못하게 하거나, 강제로 키스를 하고, 여자 주인공이 사는 집에 찾아가 문을 발로 차고 주먹으로 두들기면서 열어 달라고 소리를 지르는 방식으로 드라마 속 남자 주인공의 로맨스를 표현하고는 합니다. 하지만 이런 장면은 소설 속에나 등장하는 상상이 아닙니다.

하루 평균 20명이 넘는 사람들이 데이트 폭력으로 경찰에 체포되고 있습니다. 신고되지 않은 사건도 있을 테니 밖으로 말하지 못하고 있는 피해자는 더 많을 거예요. 현실에서 상대에게 위협이 되는 폭력이 드라마에서 아름다운 로맨스가 될 수 있을까요? 데이트 폭력을 서투른 사랑 표현이라며 면죄부를 주는 것은 아닐까요?

성적 불쾌감 ← 성적 수치심

　다른 사람들을 볼 낯이 없거나 스스로 떳떳하지 못한 마음을 '수치심'이라고 합니다. 자신의 약점이나 잘못을 다른 사람이 알게 됐다고 생각할 때 일어나는 감정이라고 해요. 부끄러움, 죄책감과 비슷하지만, 이런 마음이 드는 원인인 수치심은 조금 다르다고 합니다. 심리학자들은 수치심을 사회적인 감정이라고 말합니다. 내면에서 스스로 느끼는 마음이 아니라, 자신이 속한 사회나 집단의 판단 기준과 가치관에 따라 생기는 감정이기 때문이에요. 기준에 어긋나는 행동을 했다고 생각될 때 주변의 시선을 의식하기 때문에 수치심이 드는 것입니다.

　사회적인 감정인 수치심은 시대와 장소, 또 개인마다 다르게 나타납니다. 예를 들어 지금은 상상할 수 없는 일이지만 프랑스에서는 19세기 말까지 여러 명이 동시에 앉아 볼일을 보는 변기 의자를 썼다고 해요. 구멍이 여러 개 뚫린 의자에 같이 앉은 사람들과 대화까지 나눴다는데, 현대 사람들과 부끄러움의 기준이 많이 달랐던 것이죠. 브래지어는 꼭 해야 한다고 생각하는 한국에서는 '노브라'로 밖에 나오면 누가 볼까 걱정하는 여성들이 많지만, 서양에는 가슴이 드러나도 아무렇지도 않은 나라들도 많아요. 반대로 목욕탕이 익숙한 한국인과 달리 서양인들은 모두가 알몸 상태인 탕에 들어가는 걸 이상하게 느끼기도 합니다. 같은 시대에도 문화와 개인의 경험에 따라 수치심의 기준은 다를 수도 있어요.

그중에 '성적 수치심'은 남녀 사이의 육체적 관계나 여성과 남성의 육체적 특징과 관련해서 느끼는 감정입니다. 일상에서 많이 쓰이는 단어는 아니지만, 최근 성폭력과 관련된 사건이 언급될 때마다 등장하면서 익숙해진 사람들도 있을 거예요. "성적 수치심을 느꼈나요?" 성폭력이나 성추행 사건을 조사할 때 피해자들이 듣는 말이라고 해요. 왜 피해자에게 수치심을 느꼈는지 묻는 걸까요?

추행이나 간음과 같은 성폭력 가해자의 범행을 증명하고 죄를 묻기 위해서는 법적으로 피해자의 성적 수치심이나 혐오감이 중요한 기준이 됩니다. "피고인이 그 행위를 할 때 성적 수치심을

느꼈나요?", "그 댓글을 보고 성적 수치심을 느꼈어요?" 피해자가 이런 질문에 '그렇다'라고 답해야 재판이나 조사 과정에서 성희롱, 성추행 혹은 성폭행 사건으로 인정될 가능성이 큽니다. 그런데 성폭력을 겪고 느끼는 감정이 '성적 수치심'이라면 예를 들어 누군가 자신의 신체를 허락 없이 만졌을 때 부끄러움이나 죄책감이 든다는 이야기입니다. 폭력을 당한 피해자가 왜 부끄러움을 느껴야 할까요? 피해자의 감정이 모두 똑같이 부끄러움이라고 생각하는 이유는 무엇일까요?

'화가 난다. 분노가 일어난다. 당황스럽다. 모욕적이다. 분하다. 고통스럽다. 두렵다. 무섭다. 불안하다. 무기력하다……'

실제로 성폭력 피해자들이 말하는 감정은 수치심 외에도 다양합니다. 성적 수치심을 느끼지 않았다고 말하는 사람들도 있습니다. 화나고 억울하다고 생각한 경우가 더 많았다고도 해요. 다른 어떤 범죄도 피해자에게 수치심을 느꼈는지 묻지 않습니다. 그런데도 성폭력 피해자에게만 사건 당시 어떤 감정이었는지를 묻는 이유가 무엇일까요?

성범죄의 피해자는 수치심으로 일상생활을 할 수 없을 정도로 괴로워할 거라는 편견 때문입니다. 성폭력 피해 여성들의 상황을 '겁탈을 당했다', '더럽혀졌다', '순결을 잃었다'라는 언어로 표현하기도 합니다. 떳떳하지 못하며 자신의 결점을 타인이 알게 될까 부끄러운 수치심과 비슷한 감정이 담겨 있습니다. 성추행 사건

당시 피해 여성이 웃고 있는 모습이 CCTV에 찍혔다며 가해자가 무죄로 풀려나거나, 성폭력 사건이 일어난 이후 가해자에게 친근한 말투로 문자를 보냈다며 재판에서 피해자가 성폭력을 당했다고 볼 수 없다는 판결이 나오기도 합니다. 성적 수치심을 느끼는 피해자답지 않은 모습이라는 편견이 작용한 결과입니다. 피해자다움이 있는 피해자와 그렇지 않은 피해자로 구분 짓는 건 어디선가 봤던 장면 아닌가요? 과거 형법 '정조에 관한 죄'에서 정조를 지키려고 했던 여성과 그렇지 않은 여성으로 피해자를 나눈 정조 관념이지요.(2장 '성적 자기결정권←정조' 84쪽 참고)

최근에는 성인지 감수성이 달라져 성폭력 재판에서 '피해자다운 피해자'와 '피해자답지 않은 피해자'를 나눴던 판례를 뒤집는 판결도 나오고 있습니다. 범죄를 경험한 후 피해자가 보이는 반응과 피해자가 선택하는 대응 방법은 사람에 따라 다를 수 있다는 점이 인정되고 있는 것이지요. 성폭력 범죄와 관련된 법률에서도 '성적 수치심' 대신 '성적 불쾌감' 등 다른 말을 쓰자는 제안도 나오고 있어요.

사회의 규범을 어겼다는 생각에 스스로 느끼는 부끄러움인 수치. 그 감정은 피해자가 아니라 범죄를 저지른 가해자의 감정입니다. '사기를 당해서 부끄럽다.', '강도에게 돈을 뺏겨서 수치스럽다.'라고 하지는 않습니다. 어떤 범죄도 수치심은 피해자의 몫이 아닙니다. 성폭력도 마찬가지입니다.

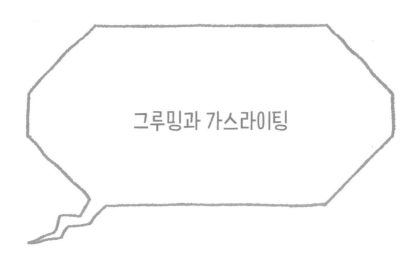

그루밍과 가스라이팅

'길들인다'는 뜻의 '그루밍(grooming)'. 상황을 조작하고 판단력을 흐리게 만들어 상대를 지배하는 '가스라이팅(gaslighting)'. 사람의 심리를 나타내는 두 단어가 성범죄 사건에 사용되면 피해자의 마음을 조종해 저지른 성폭력을 의미합니다. 가해자들이 교묘하게 파고들어 폭력 도구로 삼는 마음의 약한 고리, 그 심리는 어떤 것일까요?

'그루밍'은 원래 마부가 말을 목욕시키고 털을 빗겨 주는 행동을 뜻하는 단어예요. 범인은 피해자가 우울할 때 마음속 이야기를 들어주고, 조건 없이 돈을 빌려주기도 합니다. 나를 걱정하고 위로해 주는 사람, 든든한 내 편이라고 착각하게 만들지요. 이런 가해자의 수법을 마부의 그루밍에 빗댔습니다. 다정하고 친근한 모습에 피해자가 마음을 열고 믿음을 가져 심리적으로 의지하게 되면 범인은 본색을 드러냅니다. 성적인 사진이나 동영상을 찍어서 보내 달라거나 성관계를 하자고 하지요. 싫다고 하면 "나한테 그 정도도 못 해 줘?", "우리 사이에 이런 요구는 당연한 거야."라며 나무라기도 해요. 이런 요구를 거절하지 못하는 피해자를 이해할 수 없다는 사람도 있을 거예요.

애인이나 친구에게 '싫다'라고 말하기 어려운 이유가 무엇일까요? 혹시 서운한 감정이 들어 관계가 멀어지지 않을까 걱정되기 때문이겠죠. 신뢰가 완전히 쌓일 때까지 피해자를 길들이는 그루밍은 관계가 끊기는 것을 두려워하는 이런 심리를 이용합니다. 다시 연락하지 못하게 될까 봐, 털어놓은 자신의 상황을 다른 사람에게 알릴까 봐 피해자는 성관계에 동의하거나 스스로 성착취 동영상을 찍게 됩니다. 특히 채팅이나 메신저를 통해 시작되는 온라인 그루밍 성폭력 피해는 1년 만(2018년 대비 2019년 기준)에 두 배 가까이 많아졌다고 해요. 한국사이버성폭력대응센터의 조사를 보면 10대 피해자가 전체 사건의 78퍼센트로 가장 많습니다. 그루밍 성범죄 범인들이 메신저나 소셜 미디어로 새로운 사람을 만나는데 경계심이 적고 성에 눈을 뜨기 시작해 호기심이 많은 미성년자를 범행 대상으로 삼기 때문이죠.

그루밍 성범죄는 피해자가 성폭력을 당했다고 느끼지 못하는 경우도 많습니다. 가해자와 특별한 사이, 좋아하는 사이였다고 믿으니까요. 그만큼 가해자는 피해자가 전적으로 자신을 믿을 때까지 기다렸다가 범행을 저지릅니다. 피해자가 성관계나 성행위를 거부하지 않은 것처럼 보여서 범죄로 인정되지 않기도 해요. 범인도 "우리는 사랑하는 사이였다.", "피해자도 동의했다."고 말하지요. 그래서 피해자와 가해자의 나이 차이, 사회 경험 차이, 피해자의 심리 상태 등을 고려해야만 그루밍 성범죄를 판단할 수 있어요. 외국에서는 이렇게 심리적으로 상대를 통제하는 그루밍은 성폭력이 발생하기 전 유인하는 과정부터 범죄로 처벌하고 있습니다.

'가스라이팅' 역시 범인이 피해자의 심리를 장악한 상태에서 일어납니다. 미국의 정신분석가인 로빈 스턴이 친밀한 관계에서 발생하는 정서적인 학대를 '가스라이팅 효과'라고 이름 붙였지요. 1940년대 큰 인기를 끌었던 영화 제목에서 따온 '가스라이팅'은 이 영화의 줄거리가 곧 단어의 의미입니다.

우리나라에서는 '가스등'으로 번역된 영화 「가스라이팅」 속에서 부인은 남편이 외출만 하면 집안 조명이 흐릿해지는 것을 느낍니다. 다락방에서 이상한 소리도 들리죠. 남편에게 무섭다고 말해 보지만 "당신이 예민해서 그렇다."는 매정한 대답만 듣습니다. 부인은 불빛이 정말 흐려진다고 여러 번 반박하지만 아니라고 다그치며 몰아붙이는 남편의 말에 점차 수긍하게 됩니다. 급기야

자기가 보고 듣는 모든 것을 믿지 못하게 되지요. 사실은 정말 가스등 조명이 흐릿해진 것인데도 말입니다. 남편은 부인에게 일부러 접근한 범죄자였어요. 부인이 스스로 미쳤다고 생각하게 만들어 자신의 범죄를 숨기고 재산도 뺏으려는 속셈이었죠. 로빈 스턴이 '가스라이팅'라고 정의한 건 남편이 부인에게 저지른 이런 심리적 폭력입니다. 상대의 자존감을 떨어뜨리는 말을 자주 하고 무엇이 현실이고 무엇이 착각인지 헷갈리게 행동하죠. 심리적으로 위축된 부인은 판단력을 잃습니다.

"자꾸 잔소리하니까", "해 달라고 한 것을 해 주지 않아서" 때렸다고 말하는 가정폭력의 가해자들이 있어요. 수십 년간 폭력을 겪은 피해자들에게 "왜 도망가지 않았지?", "경찰에 신고는 왜 안 했어?"라고 말하기도 해요. 하지만 피해자가 오랜 시간 이런 말로 가스라이팅을 당했다면 스스로 '맞을 짓을 했다'며 단념하거나 자책하는 상태가 되기도 합니다.

데이트 폭력이 반복되는데도 상대와 헤어지지 못하는 사람도 있습니다. "이런 것도 참지 못하는 것은 너의 탓", "나를 사랑한다면서 내가 하는 행동이 싫다는 건 네가 나쁜 것이다."라며 몰아세우는 가해자에게 심리적으로 통제되면 폭력을 당연하고 참아야 하는 일이라고 착각하게 됩니다. 자신이 잘못하지 않았는데도 상대에게 "미안해, 내가 잘못했어."라며 사과하고, '내가 쓸모없는 사람이야.'라고 자책하는 것도 가스라이팅의 피해일 수 있습니다. 연인과 부부뿐 아니라 친구나 가족 사이에서도 일어날 수 있어요.

두 사람의 관계와 행동을 자세히 관찰하지 않으면 그루밍과 가스라이팅 피해자는 잘 드러나지 않습니다. 한 사람의 정신을 피폐하게 망치는 심각한 폭력이지만 피해자가 상황에서 벗어나기도, 가해자를 처벌하기도 쉽지 않지요. 얼마 전까지 성범죄에서 가스라이팅과 그루밍은 낯선 개념이었습니다. 성폭력은 피해자가 확실하게 거부하거나 적극적으로 저항했어야 범죄로 인정됐으니까요. 상대가 존재한다는 사실 자체에 이미 공포와 두려움을 느끼며 심리적으로 저항할 수 없는 상태가 되는 관계. 그 약한 마음을 악용하는 폭력은 반드시 처벌해야 하지 않을까요?

페미사이드란?

여성(Female)과 살해(Homicide)를 합친 '페미사이드(Femicide)'
는 여성들이 여자라는 이유로 목숨을 잃은 사건을 정의
하는 단어입니다. 여성을 혐오하고 증오하는 문화 속에서
일어나는 가장 극단적인 폭력 중 하나예요. 물리적이고
직접적인 폭력뿐 아니라 여성을 죽음으로 몰고 가는 사회
적인 규범과 차별도 페미사이드로 부릅니다.

Q. 사람을 살해하는 것이 아니라 왜 여성을 살해한다고 말
하나요?

A. 사람을 죽이는 살인 사건의 피해자 중에 여성만 따로 구

분할 필요는 없지 않느냐고 말하는 사람들도 있습니다. 하지만 페미사이드는 남성에 의해 여성이 살해된 사건들에 사용합니다. 가해자는 '여성이어서 죽였고', 피해자는 '여성이어서 죽었다'는 원인을 강조하는 단어예요. 페미사이드는 여성이 살해된 사건만이 아니라 여성이 신체적으로, 정신적으로 폭행을 당하거나 성적 학대를 당한 사건도 포함합니다. 이런 폭력들이 결국은 여성을 죽음으로 이어지게 만드니까요. '여자가 정조를 지키지 않아 가족의 명예를 더럽혔다.' 아버지와 오빠 등 가족의 남자 구성원이 딸이나 여동생 등 여성 가족을 죽이는 '명예 살인'은 이런 이유로 자행됩니다. 가족의 명예 때문에 여성을 죽이는 일이 정당화될 수 있을까요? 가정폭력, 여성의 성기를 절제하는 관습, 아들을 선별해 낳기 위한 여자 태아의 임신중절을 페미사이드의 하나로 보기도 합니다.

Q. 페미사이드는 누가 처음 사용하기 시작했나요?

A. 여성학자 다이애나 러셀이 1976년 역사적으로 이어져 온 여성에 대한 폭력과 살인을 '페미사이드'라는 단어로 만들었습니다. 러셀은 남성들이 여성이라는 이유로 여성들을 죽이는 현상을 '성차별적 동기에 의한 테러리즘'으로

정의했습니다. 그래서 살인뿐 아니라 강간과 성노예, 폭언, 정신적 학대, 성형수술까지도 페미사이드로 보았지요. 남성인 가장이 가족을 지배하고 통제하는 가부장제 사회에서 벌어지는 모든 여성 살해 사건을 나타내기 위한 것입니다.

Q. '묻지 마 살인'이라고 부르기도 하던데 무엇이 다른 것인가요?

A. 보통 '묻지 마'라는 표현은 가해자가 살인을 저지른 특정한 이유가 없고 범행 상대를 정하지 않은 채 불특정 다수를 공격했을 때 사용합니다. 2016년 일어난 강남역 살인 사건을 '묻지 마 범죄'로 분석하기도 했지요. 하지만 범인은 "여성에게 무시를 당해 범행을 저질렀다."라고 말했고, 많은 여성이 이 사건을 여성혐오 범죄로 받아들이며 자신들은 '운 좋게 살아남았다.'라는 두려움을 느꼈다고 했습니다. 전문가들은 여성에 대한 폭력을 제대로 말하지 않는 사회적 분위기가 페미사이드를 만든다고 지적합니다. 강남역 사건에서 여성들이 느꼈던 공포가 무엇이었는지, 여성혐오에 의한 여성 살해가 무엇인지 정확히 이야기해야 하는 이유가 아닐까요?

Q. 여성들이 남성들보다 약하니까 범죄에 더 많이 노출되는 것은 아닐까요?

A. 한국은 치안이 안전한 곳으로 손꼽히는 국가예요. 밤에 혼자 다녀도 위협을 당할 가능성이 적고, 소지품을 도난당하는 일도 다른 나라보다 많지 않습니다. 실제로 한국인의 살인 사망률은 10만 명 중 1명으로 매우 낮은 편입니다. 그런데 안전한 치안이 여성에게는 적용되지 않는 걸까요? 보통 강력 범죄는 남성이 피해자인 경우가 많지만, 살인만큼은 성별 차이가 거의 없다고 해요. 여성은 범죄에 휘말리기보다 가족이나 가까운 사람에 의해 목숨을 잃는 경우가 더 많기 때문입니다. 한국만 그런 것은 아닙니다. 유엔의 연구에 따르면 2017년 전 세계에서 8만 7,000명의 여성이 살해됐는데 그중 64퍼센트가 배우자, 파트너, 가족 구성원이 범인이었습니다. 여성에게는 낯선 장소, 모르는 길보다 친밀한 사람과 함께 있는 집이 더 위험한 공간이었던 셈입니다.

Q&A

미투 운동이란?

'미투(MeToo)'는 2017년 소셜 미디어에서 시작돼 전 세계로 퍼진 성폭력 고발 운동입니다. 성폭력의 피해자, 특히 많은 여성이 자신의 피해 사실을 공유하면서 성범죄가 얼마나 큰 사회 문제인지 인식하는 계기가 됐습니다. 성희롱과 성추행, 성폭력 피해는 외부에 알리기 쉽지 않습니다. 가해자의 협박에 시달리기도 하고, 피해자를 오히려 숨게 만드는 사회적 편견도 있기 때문이지요. 미투는 이런 현실에도 먼저 피해를 털어놓은 사람에게 "나도 그랬다."라고 공감하며 또 다른 피해 사실을 털어놓는 것으로 연대 의지를 표현합니다. '당신은 혼자가 아니다.'라는 메시지입니다. 이런 의미를 담기 위해 한국어로 '나도 고발

한다.' 혹은 '나도 말한다.'라고 해석합니다.

Q. 미투 운동은 어디에서 시작된 운동인가요?

A. 2017년 미국에서 영화제작자 하비 와인스타인이 수십 명
의 배우를 성추행, 성폭행한 사실이 알려졌습니다. 할리
우드의 뿌리 깊은 성범죄가 이번 기회로 드러나야 한다는
문제의식이 생겼고, 배우 알리사 밀라노는 자신의 트위
터 계정(@Alyssa_Milano)에 "성추행이나 성폭행을 경험했다
면 이 트위터에 '나도(Me, too)'라고 답해 달라."며 글을 올
렸죠. 전 세계 사람들이 댓글을 달았고, '미투(#MeToo)'와
'위드유(#WithYou)'라는 해시태그를 만들어 성폭력을 폭로
했습니다. 사실 미투는 이때가 처음이 아니에요. 2006년
인권운동가 타라나 버크가 제안한 것이 최초인데 어린 소
녀가 성폭력을 당한 사실을 털어놨을 때 '나도 그랬어.(Me,
too)'라는 말을 전해 주고 싶었던 것에서 미투 운동을 생각
했다고 합니다.

Q. 한국에서도 미투 운동이 있었나요?

A. 미국에서 미투가 일어나기 1년 전, 한국에서는 '#○○계_

내_성폭력'이라는 해시태그 운동이 시작됐습니다. 미술계, 공연계, 예술계, 스포츠계 등 사회 거의 모든 분야의 여성들이 자신이 경험한 성범죄를 고발했지요. 그리고 2018년 서지현 검사가 검찰 내 성추행 피해 사실을 폭로하면서 한국 미투 운동은 큰 분기점을 맞습니다. 이후 연극계, 문화계에서 거장으로 불렸던 사람들과 지방자치단체장의 성폭력 사실들이 드러났고, 성추행과 성폭력을 일삼던 교수들의 이름도 이니셜로 폭로됐습니다. 중고등학교에서는 재학생과 졸업생들이 함께 교사들의 성범죄를 고발하는 '스쿨 미투'도 시작돼 100곳 넘는 학교가 참여했습니다.

Q. 미투 운동 이후 무엇이 달라졌나요?

A. 성범죄가 일상에 얼마나 널리 퍼져 있는지 알게 됐고 어떤 말과 행동이 성폭력인지 생각해 보는 계기가 됐습니다. 피해자를 보호하고 가해자는 확실하게 처벌하도록 법을 개정하고 제도를 보완한 국가들도 있습니다. 다른 피해자들이 숨지 않고 용기를 낼 수 있도록 힘을 주기도 했어요. 한국에서 처음으로 가족에게 겪은 성폭력 이야기를 책으로 쓴 『눈물도 빛을 만나면 반짝인다』는 처음에는 작

가의 이름이 필명으로 출판됐지만, 지금은 작가님이 본
명을 공개했습니다. 작가님은 미투 운동으로 용기를 얻어
진짜 이름을 밝히는 방식으로 '나만의 미투'를 했다고 유
튜브 '이런 경향' 인터뷰에서 말합니다.

Q. 성폭력을 처벌하는 법과 성평등 제도가 이미 많은데 왜
미투가 필요한가요?

A. 법과 제도가 있다고 해서 일상의 성폭력이 모두 사라지
는 않기 때문입니다. 세계 최고의 성평등 국가로 꼽히는
스웨덴에서도 미투 운동이 일어났습니다. 스웨덴은 장관
의 절반이 여성이고 성차별에 대한 처벌이 어느 나라보다
강력해 남녀의 임금 격차가 세계에서 가장 적은 나라로
유명합니다. 하지만 이런 나라에서도 배우, 변호사, 언론
인, 교사, 군인, 정치인까지 사회 모든 분야에서 성폭력이
폭로됐지요. 제도와 법이 있어도 성차별 문화와 성 고정
관념이 완벽하게 사라지지 않으면 성폭력 피해자들은 여
전히 목소리를 내기가 쉽지 않습니다.

"그냥 하는 말인데 뭘 그렇게까지 생각하고 그래. 너무 예민한 거 아니야?"

대화를 나누던 중에 친구가 했던 말이 잘못됐다는 생각이 들어 이야기를 꺼냈더니 이런 반응을 보인다면 기분이 어떨까요? '괜히 말을 했구나.' 하며 실망하게 되지요. 말해야 할지 말아야 할지 고민하다가 용기를 내 말했을 수도 있어요. 친구는 아무 생각 없이 한 말이지만 나에게는 상처가 될 만큼 속상했을 수도 있지요. 그런데도 이런 괴로운 마음에 공감해 주지 않고 오히려 나를 탓하니 억울한 생각마저 들 수도 있습니다.

반대로 내가 친구에게 "농담인데 왜 그렇게 화를 내?"라고 말하게 되는 경우는 어떨까요? 마찬가지로 친구가 괜히 그러는 게

188

아니라 내가 한 말이나 행동에 미처 상대를 신경 쓰지 못한 부분이 있었던 것은 아닐까요? 불쾌한 마음, 화가 나는 감정은 저절로 생긴다기보다 상대의 행동이 원인이 될 때가 많으니까요.

책에서 다루고 있듯이 익숙하게 자주 쓰는 표현이라도 누군가의 마음을 아프게 하는 말일 수 있습니다. 나의 몸 혹은 다른 사람의 몸에 대한 단어, 사람과의 관계를 나타내는 호칭, 여성이나 폭력에 관한 말 중에는 잘못된 고정관념과 편견이 들어 있기도 해요. 이런 말 때문에 불편함을 느낀 사람들이 억울하지 않도록, 무심한 차별에 상처받지 않도록 사람들은 새로운 말을 만들기 시작했습니다.

수백 년 전 여성들이 "남성들과 똑같이 사람답게 살 수 있도록 해 달라."라고 하자 세상은 이 여성들에게 "불평이 많다."라고 했어요. 2021년을 사는 우리는 그것이 '불평'하는 것이 아니라 '권리'를 주장했다는 걸 알지만요. '불평'이라는 단어가 '권리'로 바뀌기까지 많은 이들이 성 평등한 사회를 만들기 위해 노력했어요.

새로운 말을 만든다는 건 그동안 사회가 '중요하지 않다'라고 생각해서 무시하거나 신경 쓰지 않아서 언어마저 없었던 존재를 세상에 드러나게 하는 것입니다.

여러분은 책에 나온 새로운 말과 단어를 보며 어떤 생각을 했나요? 어딘가 불편하다고 생각했던 나의 감정을 대신 말해 준 단어가 있었나요? 그렇다면 자신이 예민해서 그렇게 느낀 게 아니었다는 점도 알게 됐을 거예요.

　앞으로도 새로운 말이 더 많이 나왔으면 좋겠습니다. 아무도 모르게 상처받았던 사람들의 목소리가 세상에 들리도록 말이에요. 그러기 위해서는 더 많은 용기가 필요할 거예요. 책에 나온 단어들도 '옳지 않다', '불편하다'라고 누군가 처음 말했기 때문에 바뀔 수 있었으니까요. 여러분은 어떤 말을 새로 만들어 보고 싶은가요?

그림을 그린 구정인 선생님은
디자이너이자 만화가로 활동하고 있습니다.
만화책『기분이 없는 기분』과 『비밀을 말할 시간』을 쓰고 그렸습니다.

나와 평등한 말

2021년 11월 20일 초판 1쇄 발행
2023년 3월 20일 초판 2쇄 발행

지은이	김보미
그린이	구정인
펴낸이	김상미, 이재민

편집	서현미
디자인	정계수

종이	다올페이퍼
인쇄	청아문화사
제본	국일문화사

펴낸곳	너머학교
주소	서울시 서대문구 증가로20길 3 – 12
전화	02)336 – 5131, 335 – 3366, 팩스 02)335 – 5848
등록번호	제313 – 2009 – 234호

너머북스와 너머학교는 좋은 서가와 학교를 꿈꾸는 출판사입니다.